元華文創

現身佛と法身佛

現身佛與法身佛

本書是東京帝大名教授姉崎正治博士，在德國柏林大學取得博士學位的論文，也是解惑多佛信仰或一佛信仰大謎團的權威性現代佛學名著。而本書中譯版本是首次被譯出，譯筆流暢、典雅、精確、易懂，讀者千萬不可錯過。

姉崎正治 —— 著

釋依觀 —— 譯

序　言

　　此書所研究的問題，若就歷史而言，是屬於佛陀出生至其後數百年間的佛教史的問題，然而若就信仰而言，則是有關十方三世的恆遠的心靈大問題。西元前五世紀左右，出身印度邊陲的一國太子，成為沙門，出家求道，中年以後，作為解脫道之師主，惠存其感化的現實的佛陀，作為宗教信仰中心，最後成為常住的神格，現身的佛陀轉化成為法身佛陀。其因何在？其發展的徑路是如何受歷史情事支配？

　　若僅就如此的歷史而言，本書的題目乃屬過去之事，是異邦之事。然而在歷史的事實中，實含有不限於某一方處或某一時代的永遠的意義。隨著事實研究的深入，終將觸及永遠的意義。尤其有關心靈深處的事實，在片片段段的特殊中，自有其普遍平等的意義，浮士德的傳說，經過歌德的詩才鑄冶，已非只是一則中

世紀的傳說，而是觸及萬世人們心中的祕奧，基督受難的事件，其中含有宏大的超越現實的意義，故得以永遠支配人心。何況以大覺世尊的偉大人格作為中心而成為佛教之源流的信仰？

有關佛陀人格的信仰以及考察之發展史，若予以擴大，即是普遍存於人類靈性之中的佛性自爾之開發。如同一名沙門可以成為佛陀，其他的人也是可以覺悟成道。現實的覺者師主證得常住法身，若非只是偶然，則潛在或顯動於一切人類之中的佛性，其所基亦應是一切之根柢，應是基於大我的法身。如此看來，有關佛教史的某一時期的此一研究，可以說未必只是某一方處，某一時代的問題。

著者於十年前曾撰述「佛身論」一文，從示予文科大學村上講師以來，迄今為得歷史真相，對此所進行的研究，一直是專致於史料方面之涉獵，但此舉並非只是為歷史而作的歷史研究。爾後隨從多伊森先生研究奧義書時，更發見此一問題並非僅只佛教史的問題，而是觸及印度思想全體的根本問題，也覺察到印度思想的歷史在人類思想信仰上，實具有無限的趣味與意義，因此，意圖以此研究努力探求歷史以及靈性內在之根柢。至於其結

果，想必應可髣髴浮現於精讀過本書的讀者腦中。

　　為作此研究，著者所涉獵的，是以巴利語佛典與漢譯四阿含為主。此因佛教史初期出現的信仰真歷史，在此等佛典中，是被特別忠實的保存，日本的佛教徒以大乘自稱，卻只知耍弄高遠理論或迂濶談理，完全忘失應切實的以佛陀作為中心的信仰，致使佛教猶如幻影，如同空閣，從歷史或信仰二方面而言，此都極其可悲。

　　固然佛教的歷史問題若不經過對浩瀚的佛典作正確評定，難以下完全正確的斷案，但明晰述說師主與其徒的日常生活，傳述其生活起居之間所呈現的信仰道行的「阿含」佛典，以及只注力於神話裝飾，於經文讚歎毫無餘念的自稱大乘的佛典，何者的史料正確，相信若以公允的頭腦即容易判斷。

　　真正的歷史所傳，若是忠實且具象的傳述事實活動的信仰之跡，則於此具象的信仰之中，最能發揮永遠的信仰之意義。佛性或真如絕非出現於架空的妄想之中。

　　如是，筆者並不是先決的將佛典的歷史批評視為既決的問題。而是於此研究之間，常致力於獲得公平確實的歷史結果。確

實的歷史之中，應可見及永遠的真理。若是如此，於此研究的序言中，所開陳的有關典籍批評或史料選擇的大體所見，並非無益之業。

　　大致而言，稱為佛典的，甚為雜多，常令著手研究者生起亡羊之嘆，加之，佛徒各以己所依經文為最上，可以說是混亂加上混亂。其實若從歷史見地見之，此等浩瀚的典籍，其一一悉皆隨從佛教思想信仰趨勢產生，無非各自代表其發生成立時代的佛教思想或信仰。佛徒將其全體或其中某一部分視為神聖，視為佛之啟示，故不可犯之，然該典籍所代表的時代思想與信仰，不外於只是後世成立之教權。

　　若是如此，探求現實的佛陀轉化成形而上的法身之過程時，應於何等典籍，如何探求於其間生起的思想、努力與信仰，以及如何解釋其關係？此一問題的處置，乃是吾人研究之管鑰，然而可惜的是，此亦成為佛教研究的最大難題。此因佛典的批評研究尚未臻於得以證明各典籍的成立及時代之域，且其方法也尚未齊全。

　　典籍的批評最為簡明，又首先應了以著手的，是典籍的語言

研究，區分典籍其新古，且依其語言特徵為標準而劃分時代先後，進而決定其新古關係。此一方法一般作為最正確的方法，為世人所愛用，更且有時又可呈現意外之奏効。例如本書所揭巴利本的 Paṭisota，其梵本是 Pratiçrota，又作 Pratisrota，乃至 Dīpa 與 Dvīpa，此等多少可以作為確定此等典籍先後的目標。但語言新古之區別畢竟不是宗教典籍的唯一評定標準。宗教的傳承經常是新古交相錯雜，其所用語言也常受擬古風習所支配，因此，不能僅只據此判別新古。

此方的證明必須與其他證明相輔，以保證其正確度，但僅只如此，仍不具有獨立的價值。至少可以說僅只以此作為判別定規，極為困難。對此，已無須特別論議。語言研究泰斗馬克思穆勒於其英譯《法句經》之序言中，詳述僅以語言標準判別佛典新古之困難。語言的證明，未足以完全作為典籍評定之標準。

若是如此，則須依據典籍本身的形式作比較，就其異同，探索其追加或脫落痕跡，以及依其內容的比較，評定彼此的先後關係。

僅只本文形式的比較，仍不能給予最終判斷，但若與先前的

語言證明以及內容的批評相輔，自然可以得出所謂的「比較批評」的重要方法。例如同一文本有若干異本時，則可依其增減，證明其脫落或攙入之跡。

又從其布演或辨解之跡而可視為是後世所產之中，其所保留的其他典籍所存部分，即足以顯示此一部分的思想是先後一貫的被長久保存。溫第須將《普曜經》中有關魔的記事與他本作比較，於其中發見古文之跡，據此證明魔之信仰長久存在於佛教的新古歷史中，此即是例證。

內容的批評與形式的批評相輔，又是能給予最終判決的要契。此因在宏濶的佛典中，種種思想信仰參差錯雜，似無評定之頭緒，然其所揭各種傳說，各自代表某一時代的信仰或某一趨勢之思想，其信仰思想乃是人心的宗教發展之某一階段，亦不離一般人心活動之軌道。其前後關係若參照一般人心的宗教發展與社會歷史情事，未必難以知曉。內容的批評即是依此方面照明歷史，若不依此方法，則不能獲得究明錯雜的信仰發展之端緒。

總的說來，宗教有尊重傳承之風習，新古的思想雜然存於同一腦中，同一乂典所現之事甚多，編輯者或記述者沒有注意到白

己的信仰與古傳說之間的矛盾，在記錄時，沒有依內容之分拆組織其發展的歷史關係，因此無由知曉如此矛盾的思想存在於同一文典中的消息，從而難以揭出其思想的歷史發展。

內容之分拆雖不無主觀的構造歷史關係之嫌，此乃任何研究方法都將產生之患，故研究應慎重，研究者之腦應著重於客觀的觀察與歷史的判斷，尤其依比較批評宗教本身的性質及其歷史趨勢，則可遠離如此的主觀弊害。

尤其在佛身論方面，歷史事實的根柢、哲學的考察的趨勢、宗教的信仰的要求、神話的構想其侵入極其雜然，故內容之分拆批評能給予重要方針。要言之，內容的批評雖不能給予最終判定之力，然對於評定，此乃是給予指引的端緒或源泉，若以此相輔語言的外形評定，大致可得其正鵠。因此，以今後的研究將藉此二者之助，尤其主要依據宗教意識的內容分拆作為研究指引，且以外形之評定輔之。

其次的重要問題是，可提供此研究材料的典籍，應於佛典中何處探求？此一問題可成論議焦點，可惜的是，今日的一般研究於此尚未臻於能給予完全判定之域。

現身佛與法身佛

　　此範圍材料的問題雖屬研究之先決問題，但從另一方面而言，內容評定之結果經常給予此一問題不少的指引與影響。如同研究新約書中最古的基督教應採取何者的問題，若以巴烏爾書簡的內容評定，可得其大體方針，此研究之內容評定對於材料給予不少解釋。關於佛典，奧登堡將巴利三藏視為是原始佛教史料。

　　反之，米那耶夫及瓦雷・蒲仙則專據尼泊爾的神話性佛典，將巴利三藏視為只是後世之所修正，因於史料觀點與採取方式不同，彼此的研究結果完全迥異。若從始至終，只採取一定的材料恐成偏見之源，但材料的問題若不決定，至少不能進入內容批評，其研究將是永不可能。

　　是故，筆者採取材料之先決問題與內容之批評並進，依一般的宗教發展與佛典材料之大體內容傾向作判斷，先暫且決定其範圍，進而給予內容與形式之評定。此暫定的範圍即是巴利律典及五尼柯耶、漢譯四阿含及律典（尤其是五分律），此係依據先前《佛教聖典史論》第一部的若干研究成果，同時，奧登堡與蒲仙的論爭對於筆者的取捨也給予意外的導引。

　　小即蒲仙只取大乘經典的神話成分，用以作為原始佛教的材

料，將奧登堡的材料視為只是上座所作的修正，是理性論者加工所致。但一旦著眼於浩瀚的北方漢譯佛典，則北方佛典絕非如蒲仙所信的只是神話的材料。

例如《金光明經》雖是神話的佛典，然其原料見於「阿含」，大乘本的「涅槃經」有所謂小乘「涅槃經」之布演以及攙入註釋之跡。又如《維摩經》，其思想雖完全異於「阿含」之風采，然其布演四諦之教、十二因緣與涅槃的觀念之跡亦甚為明顯，若無原來簡單的佛教，亦即「阿含」等之根源，終究不能解釋之。

若是如此，蒲仙的決論是只見北方佛典的一小部分所導致，奧登堡的材料才是後世佛教之根基。尤其是若將巴利的五尼柯耶與漢譯四阿含，以及兩者的律典作比較，更能明白顯示二者出自同一根源。

此因此二派的傳承編輯體裁雖然有別，然其材料的一致實是驚人，依據著者其他的研究所得結果（關於「雜阿含」的偈品，十二次於東洋學會提出其大要，又最近發表於「繆協旺」雜誌，其他以及「中阿含」的原稿已完成，但難期何日出版），以及此

研究的結果，顯然此二者材料內容相同，據此可以證明奧登堡的材料取捨是正確的。

當然筆者對於奧登堡僅以巴利三藏作為原始佛教的決論也未必完全同意。漢譯「阿含」中，多少含有較巴利「尼柯耶」更近於源泉的材料。二者的先後關係今雖無從論斷，但可以斷言二者是出自同一源泉而分化，故以此作為今所研究之材料。

亦即漢文「阿含」中，「長」、「中」、「雜」等三種「阿含」、巴利「四尼柯耶」及其「雜尼柯耶」的一部分是近於原始的材料，尤其以二者一致的，以及其他律典與佛傳所載與此一致的，為最古材料。

其次，以異於巴利「增支」，被認為經過大眾部加工的漢譯「增一阿含」補之。尤其「增一阿含」中，將佛與法視為一致的傾向較多。

因此，據此作為佛身觀漸次脫離現實的佛陀而發展成法身佛觀的主要史料。而其結果可呈現出最可理會的歷史發展，又能回答現實的佛陀何故成為宗教的客體之問題。因此，研究的結果又對於材料範圍之取捨給予證明。

序　言

　　基於此一結果而決定本研究之時代，可以說佛陀自身的成道及其結果的布教是其源頭。固然筆者所使用的材料其編輯並不是佛在世時，然其傳承乃是基於佛陀的說法，故足以反映佛陀之心裡，以及顯示當時的情事與活動。後世的編輯也是依據古代傳承，保存足以顯示當時實情之記載，此乃自然之勢。

　　其次，此時代之最後雖極為難定，但阿育王時代時，現世的佛身之觀念猶存，阿育王專致於宏傳佛教的實行方面，以及當時的建築歷史亦多見追懷及傳說之成分。因此當時即是此下的研究所明的追懷佛陀的時代，此時法身觀的哲學方面尚未成熟。

　　固然阿育王法勅其目的，只在於道德之實行，更且於建築彫刻中，無法呈現哲學的考察，故此等的參考不足以確定當時法身觀之存否。

　　但從另一方面而言，若參酌對於法身觀的成立與成熟注予相當多心力的大眾部其新傾向之展現，是在阿育王之後，據此可以斷言阿育王的時代早於法身觀的成立，從阿育王法勅中的法（亦即達磨）之觀念多少異於說為法身佛時的「法」的意義，其中並無明顯的將法與佛合一的傾向看來，筆者的如此斷言大抵無誤。

亦即可以認為法佛一致的信仰組織是阿育王以後一、二百年之間才成熟的。此後再經過一百年，才有由馬鳴所成熟所組織的法身。但筆者的研究尚未及於此，故僅以發見其端緒作為結束。

阿育王以後至馬鳴出世，前後約三百年間，一方面，上座的傳承被組織於阿毘達磨及毘婆娑中，另一方面，大眾部等的自由傾向致使法身佛之觀念成熟，由此而轉向大乘時代。此一研究之最後是此二種傾向對峙的時代，是形而上的佛身觀之端緒明顯可見之時，亦即此一研究尚未及於此二派對峙之狀態。

若是如此，次於此一研究的時代是上座的傳承於阿毘達磨及毘婆娑固定其宗義之歷史，其次，應歸於馬鳴之法身說。

此等多少於《印度宗教史考》第七部第三章第五節及第五章第一節之一及二，以及《佛教聖典史論》第一部之五及六開啟研究端緒。亦即本研究可作為將來所完成的研究之前置作業。

本書稿於三十四年在柏林起筆，當時的材料尚未周全，其後在倫敦時，雖材料可自由取得，但筆者當時是著力於「雜阿含」的偈品之研究，因此，對於此一研究沒有直接給予任何助益。回到日本，再著手此一研究時，又遭遇到如同在柏林所面臨的困

難。

雖然如此，此間大體涉獵過如次諸書，故得以提供本研究若干資料。

Pāli Texts.（巴利語佛典）

Vinaya-piṭakaṃ (V. T.)	ed. Oldenberg,	1879-1883.

Dīgha Nikāya (D. N.)

Vol. I. Sīlakkhandha-vagga.	ed. Rhys Davids and Carpenter,	1890.
Vol. II. Mabā-vagga.	Siamese Edition Vol. X,	1888.
Vol. III. Pāṭika-vagga.	Siamese Edition Vol. XI,	1888.
Mahāparin bbāna-sutta.	ed. Childers,	1878.

Majjhima-Nikāya (M. N.)

Vol. I. Mūla-paṇṇāsaṃ.	ed. Trenckner,	1888.
Vol. II. Majjhima-paṇṇāsaṃ.	ed. Chalmers,	1896-1898.
Vol. III. Upari-paṇṇāsaṃ.	Siamese Edition Vol. XIV.	1888.

Saṃyutta-Nikāya (S. N.)

Vol. I. Sagātha-vagga (1-11).	ed. Léon Feer,	1884.
Vol. II. Nidāna-vagga (12-20).	ed. Léon Feer,	1888.
Vol. III. Khandha-vagga (21-33).	ed. Léon Feer,	1890.
Vol. IV. Saḷāyatana-vagga (34-43).	ed. Léon Feer,	1894.

Vol. V. Mahā-vagga (44-55).	Siamese Edition Vol. XIX.	1888.

Aṅguttara-Nikāya (A. N.)

Vol. I. Eka-, Duka-, Tika-Nipāta (I., II., III.).	ed. Morris,	1885.
Vol. II. Catukka-Nipāta (IV).	ed. Morris,	1888.
Vol. III. Pañcaka-, Chakka-Nipāta (V., VI.).	ed. E. Hardy,	1896.
Vol. IV Sattaka-, Aṭṭhaka-, Nava-Nipāta (VII., VIII., IX.).	ed. E. Hardy,	1899.
Vol. V. Dasa-, Ekādasa-Nipāta (X., XI.).	Siamese Edition XXIV,	1888.

Khuddaka Nikāya.

Dhammapadam.	ed. Fausböll,	1855.
Udāna.	Siamese Edition Vol. XXV.	1888.
Itivuttakaṃ.	ed. Windisch,	1889.
Sutta Nipāta (S. Nip.).	ed. Fausböll,	1884.
Thera- and Theri-gāthā.	ed. Oldenberg,	1883.
Parittam.	ed. Fraukfurter,	1883.

Abhidhamma Piṭakaṃ.

Kathāvatthu.	ed. Taylor,	1894-1897.

Sanskrit Texts.（梵本）

Mahāvastu 3 vols.	ed. Senart,.	1890.
Divya-avadāna.	ed. Cowell & Neil,	1886.

Buddha-carita.	ed. Cowell,	1883.
Lalita-vistara.	ed. Lefmann,	1902.
Īçādi-daça-upaniṣat-saṅgraha.	ed. Niryāna Sāgara,	1886.
Aṣṭa-uttara-çatam-upaniṣadaḥ.	ed. Tattvavivecaka,	1895.
Bhagavad-gitā.	ed. Bālabodhini,	1893.

Translations.（諸翻譯）

Rhys Davids, Buddhist Suttas.	1883.
Rhys Davids, The Dialogaes of the Buddha (vol. I. of the D. N.).	1899.
Max Müller, Dhammapada.	1881.
Fausböll, Sutta-Nipāta.	1881.
Neumann, Die Reden Gotamo Buhdho's.	1896-1902.
Deussen, Sechzig Upanishad's des Veda.	1897.

漢譯佛典		（南條目錄編號）翻譯年代		
四分律	六十卷	佛陀耶舍、竺佛念共譯	(No. 1117.)	405.
彌沙塞部五分律	三十卷	佛陀什、竺道生共譯	(No. 1122.)	423-424.
長阿含經（長阿）	廿二卷	佛陀耶舍、竺佛念共譯	(No. 515.)	412-413.
佛般泥洹經	二卷	白法祖譯	(No. 552.)	290-306.
大般涅槃經	三卷	法顯譯	(No. 118.)	414-420.
般泥洹經	二卷	失譯	(No. 119.)	317-420.

中阿含經（中阿）	六十卷	瞿曇僧伽斯那譯	(No. 542.)	397-398.
雜阿含經（雜阿）	五十卷	求那跋陀羅譯	(No. 514.)	420-479.
別譯雜阿含經（別雜）	十六卷	失譯	(No. 546.)	350-431.
增一阿含經	五十一卷	瞿曇僧伽斯那譯	(No. 543.)	381-385.
本事經	七卷	玄奘譯	(No. 714.)	645-664.
佛本行集經	六十卷	闍那崛多譯	(No. 680.)	587.
隨勇尊者經		施護譯		880(?)
受新歲經		竺法護譯	(No. 570.)	68-70.
新歲經		曇無蘭譯	(No. 763.)	381-395.
法句經	二卷	維祇難等譯	(No. 1365.)	224.
佛本行經	七卷	寶雲譯	(No. 1323.)	427-449.
佛所行讚	五卷	曇無讖譯	(No. 1351.)	414-421.
阿育王經	十卷	僧伽婆羅譯	(No. 1343.)	512.
羅摩伽經	三卷	聖堅譯	(No. 106.)	385-431.
勝鬘經		求那跋陀羅譯	(No. 59.)	420-479.
金光明最勝王經	十卷	義淨譯	(No. 126.)	700-712.
金光明經	四卷	曇無讖譯	(No. 127.)	414-433.
方廣大莊嚴經	十二卷	地婆訶羅譯	(No. 159.)	683.
普曜經	八卷	竺法護譯	(No. 160.)	308.
大般涅槃經	四十卷	曇無讖譯	(No. 113.)	423.

如是使用諸多材料，對於歷史與信仰的問題遂獲得若干指引，倫敦的巴利本出版之外，在此特就暹羅國王所捐贈巴利三藏與日本縮刷藏經，表示深厚謝意。

　　　　　　　　明治三十七年九月下旬　　誌於東京

現身佛與法身佛

　　本書初稿完成，是在明治三十四年。然其原稿於次年因火災焚毀。將初稿再作修正且得以出版是在明治三十七年，其後雖經過數次再刷，然其出版者十五、六年來，一直棄此版於不顧，甚至著者自己也只能從舊書攤求得舊版。

　　今蒙前川文榮閣有意重印。為進行重新改版，已頗費周章，更且筆者目前負責大學圖書館復興之事，無暇再修正內容，只能就字句稍作修正。雖是如此的不周全，但本書得以再次面世，實應感謝前川文榮閣。

　　（早於此再版序言之撰述幾近一年，而終於完成校正，則是十四年二月）

於圖書館地下室
大正十三年三月三十一日　　著　者

目　次

序　言 ·· i

第一章　研究的問題 ·· 1

第二章　佛陀的自覺
　　　　一名沙門如何成為佛陀 ·· 7

第三章　佛陀的感化以及弟子對此的態度
　　　　佛陀是如何，又是如何成為人天師，成為師主？ ············ 27

第四章　佛陀的入滅與佛身問題之端緒
　　　　佛陀何故入滅，佛陀的直傳弟子對此作何解釋 ············· 61

第五章　佛滅後，佛徒的歸依
　　　　以佛陀為師主的佛徒於佛滅後如何改變其安立根柢，又於何處求得歸依？ ················ 77

第六章　佛陀人格的譬喻性的述說與佛傳的神話化
　　　　佛徒如何將佛陀的人格轉化成超越凡人的神人 ······ 101

第七章　法與佛的一致
　　　　法身佛的觀念 ·· 111

附　　錄　矢吹文學士的《阿彌陀佛之研究》 ················ 131

第一章　研究的問題

　　宗教雖說是社會人文的產物，然其變化與發展則多所仰賴宗教天才的人格，此自然無須多言。宗教天才出世時，依其獨得的宗教觀，教導民眾，因其人格感化，指導世人，其宗教因此成為有組織的宗教，其人亦因此而成為宗教中心，成為宗徒歸依焦點，所有的教理、考察、信仰、渴仰皆因於此中心而具有生命。如此的宗教即是此教祖之所創，此教祖成為該宗教之神格。此種天才在社會人文發展中，可以說是特別的創造者。佛教中的佛陀、基督教中的基督，即是此類的中心人物，其宗教之發展，固然不離一般人心宗教活動的理法，以及一般社會人文歷史的境遇，但教祖的人格常是此等活動發展的結晶，因此，此種宗教的理想及歷史若將其教祖人格，以及信徒對於彼之信仰排除，則無從知其活動真相與發展趨勢。基督教初期信仰的問題是集中於有

現身佛與法身佛

關基督的人格，佛教雖因分成多門，於其中產生冰炭不相容的部派，但爾後仍以佛陀的人格作為中心，正足以透露此間消息。

佛教中，將有關佛陀人格的考察，稱為佛身論。此一名稱實起自釋迦佛肉身是消滅或永存的問題，但具有如此形而下之命名的佛身考察，最後發展成在真理實在久遠形而上的本體上探求佛陀的人格，色身生滅的佛陀因此成為法身常住的本體。法身常住的觀念、法身與具象的佛陀的關係以及對於如此的佛陀的信仰等等問題，支配著佛徒的信仰與考察，成為其希求與努力之原動力，由此締造出佛教歷史。佛身的問題成為佛教哲學思想與宗教要求之歸趣，又是二者的結合點。基督教中，基督論的問題是將歷史人物的耶穌視為恆久的「道」，其所作的考察思辨是形而上的考察，然其問題主要是就基督的宗教道德的方面發展，因此異於產生諸多哲學問題的佛教。佛教佛身論的考察既有宗教的信仰，又有哲學思辨之所以，是因於佛教原是基於印度本有的觀念主義哲學，認為解脫不外於即是破除無明與證悟菩提。亦即佛陀的人格是其知見解脫之典範，而對於佛的信仰乃是其解脫知見之力，因此，信仰的問題當然也成為智慧的問題。佛教興起的時代

第一章　研究的問題

是奧義書哲學大成的時代,其哲學思想完全集中於智慧解脫的觀念主義。超越一切現象的差別認識,願抵達無差別彼我之境的彼岸,了悟其過境的本體與我一致,即是與絕對合一,此乃是其解脫之教。其解脫是依智見之悟徹而獲得,其境即是梵涅槃。佛教否定梵之實體,又破斥我的觀念,唯以涅槃為理想,然其知力主義或觀念主義仍無異於當時一般的哲學。佛陀將四諦視為解脫要契,其原由雖出自於直觀世相以及解脫世苦之希求,然其思想風趣則完全在於此觀念主義哲學。雖然如此,但佛陀之教並非只是知見哲學,而是含有佛陀本身所悟徹所體證的活生生的人格的典範與保證的信仰宗教。佛陀的人格成為佛教的感化力,佛徒所信仰的中心目標,是作為悟徹四諦而無明滅盡的活生生實例,是躬行八正道的眼前的教導者,是所謂世間眼的導師,是人天師主,是善逝。

　　因此,此師主捨棄其肉身而入無餘涅槃時,佛徒無法相信其佛智菩提也將隨著肉體一起滅去,因此要求且相信彼應是永遠的存在,永遠是真理的維持者,故努力表明及組織其信仰。佛陀所揭示的涅槃之理想原是消極的觀念,若以梵或以實在稱之,實有

現身佛與法身佛

差別見之嫌，故通常的情況是說為「空」，說為「涅槃」，因此，相較於其他學派，佛教被稱為「空慧解脫之教」。在《三明經》中，婆悉吒婆羅門要求歸入梵之道時，佛陀答曰：雖能通梵天之道，能親炙其境界，然其道是淨行無我之道。對於婆羅門所特欲聽聞的梵之境界，完全沒有述及。雖然如此，但將如此消極的理想以言語表明，完全是不得已，為離我見執著，其言語上的宣示，不得不是消極的。言語上，是消極的徹底排除一切固定的觀念與屬性，但理想的涅槃實是不死安泰之界，又具有攝化眾生之妙用。進一步言之，佛陀之教即是為此不死妙用之理想而提出。發揮屏絕言諦，不容言說之理想，令眾生安立於其中乃是佛教之目的，也是一切師主的目的。而此理想，就言說教理而言，應歸於空慧，然此中卻有活生生的涅槃顯現。佛陀即是如此。佛陀自己證得真理菩提，而其弟子亦相信佛陀具有如此的成分。若是如此，涅槃應非遠求於天上，而是眼前的佛陀之所體現。因此，佛教徒的信仰，就其根本而言，既已相信佛智菩提之不滅，則奧義書的梵涅槃之理想，在佛教中，自始就被歸入於佛智。然此信仰之根柢被明顯的意識，又以觀念言語表明，實是由佛身論的問題

第一章　研究的問題

所促成，最後甚至超越色身佛陀，於佛智中發見法身佛陀。

　　佛身是否永存的問題，最後發展成揭出對於佛陀的信仰之基本意義，由此產生法身佛之信仰。佛陀是菩提之實現者，又是引導吾人證入菩提之師主，因此對於信其人格者而言，佛陀是一切菩提之歸趣，又是源泉。佛教意識性的表明及組織如此的佛陀概念，依法身佛之觀念而說明佛身不滅之理，其根柢實有佛陀本身之自覺，以及佛徒對此的信仰，然其考察表明則是幾經歷史變遷與努力。或於空中求佛陀色身再現，或於其教法求師主之代償，最後終於將菩提涅槃與佛陀形而上的合而為一。此間，佛徒的記憶、傳承、考察、信仰、要求常以佛陀的人格為中心而變動。亦即與佛陀相關的考察是歷史的事實、哲學的考察、宗教的信仰、神話的構想的參差複合而呈現，其努力的歷史，亦即佛身論之發展成為佛教中軸。佛徒對於佛陀之觀想即是其宗教活動之中心，歷史上的佛陀雖然滅去，但隨從以其感化為原動力而發展的佛教思想信仰的發展，相應當時的需要，可回應其人信念的理想的佛陀出現於教徒信仰之中。佛教基於佛陀的感化而興起，因此，不只是佛教，更是以佛陀作為其信仰與考察中心，所以是佛教。法

華法座上的佛陀曰：

> 聖主世尊，雖久滅度，在寶塔中，尚為法來……我滅度後，在在所往，常為聽法，又我分身，無量諸佛，如恆沙等。

又宣言自己乃是久遠之佛，「實不滅度，常住此說法」，凡此皆是佛徒信仰之事證，是佛教的歷史事實。

佛陀的人格是依其自覺菩提，實現久遠之生命，作為佛教之中心，作為信仰之歸趣，考察之對象，於變化的歷史中，發揮其根本真義。筆者此下的研究是演繹其歷史發展之跡，始自於佛陀成道，得自其證得菩提之自覺，始自於其人格於教徒的意識中，作為法身，明顯呈現，與形而上的實在合一，揭出其歷史演變。

對於此一研究主要材料的取捨，一如其時代批判，是大問題，需要另作仔細的批評性研究。序言中既已就此述之。雖然如此，但據此研究所得出的結果，筆者相信對於批評性的研究不無助益。

第二章　佛陀的自覺
一名沙門如何成為佛陀

　　自其年幼，已屢屢思索世相祕奧，哀嘆人生無常的印度一侯國儲君，於其二十九歲時，捨棄難斷世累，成為出家修行的一名沙門。此沙門堅忍求道，終於洞見世界人生真相，探究眾生生死根本，更且度脫之，體證可入安穩寂靜真諦的正道，進而將此道普傳予眾生，如此欲濟度群倫的大悲心，致使求道沙門成為正覺的佛陀，成為濟度弘法之師主。

　　後世佛徒將佛陀的出現傳述成神話，或傳述佛於兜率天上的前生，或考察佛的法身之存在，因此忽略其現實的人格，自誇其宗教或哲學深遠的人，卻不欲從現實的一生探索佛陀的人格，從其發心成道探索作為人的心理過程。然佛典中，隨處可見有關佛陀發心前後，其心理方面的記載。猶住於此塵世，尚未證得等正

現身佛與法身佛

　　覺的悉達多太子從發心出家，求道，戰勝煩惱，悟道成為覺者的此一經歷，悉皆明白載於聖典，其勇猛弘法感化天下民眾之事跡並無怪誕離奇，眾人信服其說法，慕其道行，仰之為師主的歷史記載，隨處可見。佛陀是轉迷開悟的典範，又是其保證，是其實力，故其所悟是佛徒修行的理想，信其人格即是體證其力之所以。此即是佛教感化之主要動力，有關其形而上的本體或神祕根柢之觀念，各人所見多少有別，然其色身作為人，現於此世，經由發心、得道、弘法等種種變化的經歷，作為佛陀的努力，思惟、慈悲、道行、顯現於人間的歷史，即是佛教之源泉。法身或真如的觀念意圖將此事實上的佛陀一生，依形而上的根本予以說明，然而事實卻在於現實人間所呈現的佛陀的人格。事實才是現實的事證，說明無權予以變更或侵蝕。哲學理論可以說明及研究宗教信仰，卻不能支配或左右之。

　　佛陀從一名求道沙門而成為大悟的覺者與濟世導師之過程，不僅可以作為佛陀自己的懷舊談資，實際上，基於為使相信佛陀者依同樣過程而到達同樣覺位的大慈之心，屢屢在弟子面前述說。對此，吾等毫無懷疑餘地，佛陀自己直接述說，弟子受師主

第二章　佛陀的自覺

的說法感動而無誤的傳述，應是最為正確。但關於佛陀出家前之狀態，所傳大多傾向於空想，雖然如此，但傳說中仍夾雜真相，卓絕的詩人之空想仍勝於腦殘的歷史家的記錄。佛陀從在家時就不喜世間榮華，遊觀四門後，更深入思索人生，出家後，雖從師學習，然其疑惑仍不得解，最終遂決意自尋道徑。佛陀的自覺，亦即其究竟之正覺顯然是內觀思惟所致。此間的消息載於「中阿含」的《羅摩經》（M. N. 的聖求經），漢巴經典對於成道前後的佛陀心理敘述甚詳。首先敘述佛陀出家以前，住於生老病死所支配的世間欲樂之中，出家後，尋師訪道不得解惑，遂在尼連禪河畔靜坐思惟，最後到達可超越一切生死的大悟道。今將漢巴所傳比較如次：

（巴利文譯）	漢譯（羅摩經）
如是，余坐於其處，	已布下尼師檀，結跏趺坐，
（思）於此足以十分調伏。	要不解坐至得漏盡，
余自從生法（以身）	我實自（生）法
於生法中見悲痛，	無辜求（生）法，
故求無生無上之安穩涅槃	我求無（生）無上安穩涅槃

現身佛與法身佛

得無生無上之安穩涅槃。	便得無（生）無上安穩涅槃，
求無老……得無老……。	求無老，
求無病……得無病……。	無（病），
求無死……得無死……。	無死，
無憂……	無愁憂慼，
無污……。	無穢汙無上安穩涅槃，
	便得無老無死無愁憂慼無穢汙
進而知見生，	生知生見定道品法，
余確實得解脫，此乃最後之生，	生已盡，梵行已立，所作已辦，
無再受生之事。	不更受有。

　　據此看來，漢巴二傳所傳顯然一致，作為佛陀當時的追懷，其所傳顯然是確實的。是一個為生病老死所迫的世人，非依師，非賴傳承，而是依自己心內靈光，證得安穩涅槃的真實事跡。此處特應注意的是，佛陀的大悟道完全是從己心內觀所生起之自覺。此乃佛陀獲得弟子依信的極大原因，除此所揭之外，另有其他傍證，《本行集經》的「昔與魔競品」載有一偈，常被引用作為證明。其文曰：

第二章　佛陀的自覺

世間若不深思惟，云何能得上人法。今我以勝思惟
故，從縛解脫得無為。

　　從佛陀入滅之前，仍為其弟子揭示安立之基本，勸勉應以法為燈明，以己為燈明，獎勵應內觀禪定看來，佛陀一生的教化，是依佛陀自身成道之際的自覺與實驗而引導弟子，可以說其大覺支配其一生。

　　佛陀的成道是自燈明，依內心靈光求真理，據此而解脫世苦而超越變轉。對於此解脫之源的真理，更適切而言，對於此證悟（亦即解脫）的真理，佛陀是以「四聖諦」稱之。亦即此乃是世相真諦，其證悟具有令人去除無明而到達菩提之力。而佛陀於其成道時，曾自己宣言此一真理。有關此一方面之記載，隨處可見，今將巴利律典與「雜阿含」卷十五所載對照如次：

不如實見四真理故，	〔我常與汝等〕長夜涉生死，
其人生生永遠流轉。	不見聖諦故〔大苦日增長〕，
見其等（真理），欲除之，	若見四聖諦，斷有大海流，
斷苦根，無再受生之事。	生死永已除，不復受後生。

現身佛與法身佛

　　佛陀自其成道初始，是否即是如此命名其所悟得的真理，又是否在治癒世苦上採用醫術用語等等問題，今無須論之。無可懷疑的是，此乃是超越生滅界，可以獲得智慧解脫之鎖鑰。此四諦常見於佛典中，大乘佛教也將此視為根本教理而保留之，由此可見佛陀成道時的覺悟永遠是佛教的中心。

　　佛陀相信自己是依此證悟而成為覺者。又相信此真理是超越世相，是從根柢拯救人生之教。但齷齪於世事，迷失於苦樂的眾生是否能理解此超世甚深之法？此獨自思惟所得的悟道之果一般民眾是否也能證悟？此等的疑問正與對其真諦深切的自信共同生起。此必然之心理也記載於佛典中，佛陀成道之後，曾經躊躇是否將此教法傳布於世。此間消息記載在巴利律典及 S. N. 的「偈品」第六、M. N. 的《聖求經》中，漢譯的《本行集經》的「梵天勸請品」所載同於巴利本，顯示二者的原料相同。《聖求經》的同本的《阿羅摩經》漏脫此段，直接就說法方面傳述。今將巴利本與《本行集經》所載對照如次：

| 比丘！余作如是思， | 爾時世尊作如是念， |

第二章　佛陀的自覺

此所證法，幽玄難證，難持，寂靜，至重，不思議，內祕，唯賢者所知（之法）。
然眾生求樂，樂於樂，耽於樂。故求樂，樂於樂，耽於樂的眾生，
難見此地，即此因果，因緣（之見地）。此地難見，即諸蘊靜止，諸取離脫，渴愛滅盡，離貪欲之滅，涅槃。

如是，余欲宣法，
他人不解余，余為彼勞，余為彼疲。
比丘！此等之偈，前所未聞（之偈）現前。
努力所證（之法）顯然徒勞，

我所證法，此法甚深難見，難知，如微塵不可覺察，無思量道，不思議道，〔我無有師……〕
但眾生輩著阿羅耶，樂阿羅耶，住阿羅耶，喜樂著處，心多貪故，
此處難見，其處所謂十二因緣，十二因緣有處相生，此之處一切眾生不能睹見〔唯佛能知，又一切處疑道難捨一切邪道〕滅盡無餘愛之染處盡皆離欲，寂滅涅槃，
我念，雖將如是等法向於他說，
彼諸眾生未證此法，說令我勞虛費言說，〔爾時世尊如是念已〕，
為於此事未曾聞，未從他得，未有人而說，心自辨，即說偈言，
我今辛苦證此法，
不可輒爾即應宣，

13

以貪痴為主者，覺此法。	諸欲癡瞋恚法纏，
反流內祕，甚深，難見，微妙	一切眾生有此難，
（法）著貪（之眾生）難見，闇	唯應逆流細心智，
重所蔽（之眾生不得見）。	所可睹見如微塵，
	樂欲貪著難見知，
	為彼無明闇覆故。

就此看來，《本行集經》所譯似乎稍嫌過於直譯，其文義澀晦（例如滅盡無餘云云，唯應逆流），但二者顯然同出一源，故所傳相當古老。所傳同此者，另有梵本的《本行集經》與梵漢兼存的《普曜經》，以及漢譯的《四分律》及《五分律》。此等諸傳作過比較之後，可以發現兩種漢譯律典最近於巴利所傳，梵本的《普曜經》保留其偈文，漢譯的兩種譯本其散文部分近於舊傳，但偈文稍有變化，且詳述佛法的廣大不可思議。此外，「增一阿含」的「勸請品」及「高幢品」所傳，更是簡單，至於《佛所行讚》的「阿惟三菩提品」僅以「一切眾生類，塵穢淬雜心」等四句保存舊傳的一部分，且其偈頌中，沒有記載佛陀躊躇是否宣說其教法，僅只揭出憐憫眾生之義，而《所行讚》的現存梵本以及

第二章　佛陀的自覺

此一方面與梵本一致的異本的《本行經》,則將佛陀成道與轉法輪之間的此段敘述完全削除。

茲將《五分律》與《四分律》兩傳作比較如次:

作是念,我所得法甚深微妙,難解難見,寂寞無為,智者所知,	生此念言,我今已獲此法,此法甚深,難知難解,永寂休息,休息微妙,最上聖賢所知,
非愚者所及,眾生樂著三界窟宅,集此諸業,何緣能悟十二因緣甚深微妙難見之法,	非愚者所習,眾生異見異忍異欲異命,依於異見樂於巢窟,故於緣起法甚深難解,
又復息一切行,截斷諸流,盡恩愛源,無餘泥洹,益復甚難,	復有甚深難解處,滅諸欲、愛盡、涅槃、是處亦難見,
若我說者,徒自疲勞,唐自枯苦,	故我今欲說法,餘人不知,則於我唐勞疲苦耳,
爾時世尊欲重明不可說義,而說偈言,	世尊曾見有此二偈,非先所聞,亦未曾說,
我所成道難,若為窟宅說,	我成道極難,為在巢窟者,
逆流迴生死,深妙甚難解,	貪恚愚癡者,不能入此法,

15

| 染欲之所覆，黑闇無所見， | 逆流迴生死，深妙甚難解， |
| 貪恚愚癡者，不能入此法。 | 著欲無所見，愚闇身所覆。 |

　　此二傳與巴利傳的相近，據此可見，亦可想見此等乃是最古之傳。較此更古的，是《普曜經》，茲對照其二本如次（梵本只有偈文與此類似，故先揭之）：

心自念言，是法甚深，所入無限，	作是思惟，我證甚深微妙之法，
成最正覺，寂然微妙，難逮難知，	最極寂靜難見難悟，非分別思量之
非心所思言所暢，非是凡聖所能逮	所能解，惟有諸佛乃能知之，
及，……	
超度六界，……寂滅諸業，至於無	所謂超過五蘊，……離諸攀緣，至
斷無為之業，吾設為說斯義本	究竟處空無所得，寂滅涅槃，若以
末，……	此法為人演說，
眾人不解唐苦疲勞，……誰肯信	彼等皆悉不能了知，唐捐其功無所
者，不如默然耶，然時世尊即說偈	利益，是故我應默然而住，爾時世
言，	尊而說偈言，
深奧恬泊，曜明無垢，	我得甘露無為法，
吾已逮是，甘露無為，	甚深寂靜離塵垢，

第二章　佛陀的自覺

我今說之，眾人不解，
如吾今日，不如默然，

一切眾生無能了，
是故靜處默然住。

　　此等二本如是傳述古傳，然此偈其次詳述佛法之微妙不可思議，故足以窺見附加原始之傳的所謂大乘發展之跡，另一方面，也可窺見作為此等諸傳中軸而留存的巴利傳其之古老。又，此間佛陀的躊躇，依《大般涅槃經》所傳，是出自魔所為（他傳皆不然），而轉此躊躇而決心布教的，依「高幢品」所載，是佛自己所作的決定，而非他傳的梵天勸誘，凡此，皆屬須再予以研究的問題。要言之，據此足以窺見佛陀的成道與布教之間，曾經有過躊躇與疑懼。而至於佛弟子是如何看待佛陀一生經歷，此一方面的傳說所給予的指引，據此也可見之。

　　佛陀排除弘法之猶豫，決意施予眾生法益。對於下此決心之前的經過，諸傳有種種臆測。中國佛教將此段期間說為是華嚴說法之時。諸多古傳都認為是梵天主勸說佛陀為眾生布教，在偈頌中，指出摩揭陀國中多雜法邪義，故盼望佛陀開啟不死甘露門。佛遂決意開啟不死甘露門云云。此乃佛陀作為師主出世的第一次

宣言。茲將巴利傳與《五分律》、《四分律》對照如次：

為彼等開啟不死門，	甘露今當開，	今開甘露門，
聞者皆可起信。	一切皆應聞，	諸聞者信受，
（先前）恐害不說心中，	先恐徒徒勞，	不為嬈故說，……
不為人（說）至重之法。	不說甚深義。	牟尼所得法。

　　佛陀決心為濟度眾生而宣布的真理，就知見而言，不出於一般婆羅門哲學機軸，又其無上安穩涅槃之自信也是奧義書哲學者所具，彼等的梵知見即是梵涅槃，就此而言，佛之自信未必是新的勢力。雖然如此，但佛陀是進一步的以此法度眾，將自己的最上解脫施予眾生，發願救度迷界眾生。佛陀的正覺與憐憫有不可分離之關係，此二者的結合一新佛教勢力。依據傳說，佛陀離開菩提樹下，在前往婆羅捺斯的路途上，見一異學優波迦，曾對彼宣布己之所悟。佛自信自己已是覺者，又決心將開啟甘露門，其決心與信仰一旦與人相逢，立即迸發，此乃自然之勢。諸傳對於佛陀此時對優波迦所言的記載，自然也是一致。其所載與先前的「我所得法甚深」大略相同，此依如次的比較得以知之。

第二章　佛陀的自覺

（巴利傳）	（本行集經）	（四分律）	（中阿羅摩經）
我是一切勝者，一切知者，	我已降伏諸世間，成就具足種種智，	一切智為上，	我最上最勝，
不為一切諸法所染，	於諸法中不染著，		不著一切法，
棄捨一切，滅渴愛而離脫，自悟，非誰所教。	永脫一切愛網羅，能為他說諸神通，是故名為一切智，	一切欲愛解，自然得解悟，云何從人學，	諸愛盡解脫，
我無師，	我無有師內自覺，	我亦無有師，	自覺詎稱師，
無同我者，	世間更無與等雙，		無等無有勝，
諸天世界，	天人中唯我獨尊，	諸天及世人，	如來天人師，
無及我者。		無有與我等，	
我乃世中之尊者，		我是世無著，	自覺無上覺，
我為最上師，	身心清淨得解脫，	我為世間最，	普知成就力，
我乃唯一之等覺者，	一切通處皆通達，	世間唯一佛，	
徹底寂靜。	可證之處已證知，	澹然常安隱，	
	可安之處已得安，		
	故稱我為世尊上，		
如美麗蓮華，	猶如分陀利在水，		

19

現身佛與法身佛

在水中不受污， 我不為世所污， 故我成為佛陀。……	雖復處在於水中， 而不為水之所沾， 我在世間亦復爾， 是故稱我為佛陀。		
為轉法輪，今前往迦尸都。 於盲世界中， 鳴不死皷。等我者為勝者，成就漏滅盡者。 我戰勝惡法。 優波迦！是故，我為勝者也。	我今欲轉妙法輪， 故至於彼婆羅捺， 幽冥眾生悉令曉， 擊敲甘露皷之門， 應當知我伏諸怨， 永盡一切諸有漏， 世間諸惡法皆滅， 故我稱為真正尊。	欲於波羅捺， 轉無上法輪， 世間皆冥盲， 當擊甘露皷， 我脫一切結， 得盡於諸漏， 我勝諸惡法， 優陀我最勝。	轉無上法輪， 我至婆羅捺， 擊妙甘露皷， 勝者如是有， 謂得諸漏盡， 我害諸惡法， 優陀故我勝。

　　此等言詞是否果真出自當時的佛口，今無從知之，但對於自信自己成為覺者，決心開啟不死門的佛陀的自信，可謂描述得極其真切。是故，佛典中，處處可見此段言詞，此中呈現出佛徒對於佛陀的理想之信仰。於神話的讚詞中，或者傳說中，皆可見

第二章　佛陀的自覺

之，佛徒每當在稱佛時，也屢屢採用之，佛陀本身的自覺成為佛教的原動力，其得道布教之跡成為佛教感化中軸，而此宣言作為適合表現此中心原動力之語而被永久流傳。今試揭若干例證如次，A. N. 第四品第二十三經所揭之偈與「中阿含」的《世間經》所載大體相同。

了知一切世間，如實於一切世間中，	知一切世間，出一切世間，
制伏一切世間，止住於一切世間中。	說一切世間，一切世如真。
彼乃是制御一切之勇者，	彼最上雄尊，
脫離一切束縛之人。	能解一切縛，
臻於無畏涅槃，人有最上寂靜，	無憂離塵安，
其人即是漏盡佛陀、無礙、離疑，	無礙諸解脫（此二句稍後）
得一切業之滅，於取之斷滅中離脫之人，	得盡一切業，生死悉解脫
彼乃是世尊佛陀，彼乃是最上師子，	
為諸天世界轉梵輪之人。	是天亦是人，
如是歸依佛之人天，云云。	若有歸命佛，云云。

此類之敘述，他處雖多，然 M. N. 的《牧牛者經》（小本）其最後偈文中的佛之所言，可視為是其總括。其言曰：

知者了知此世彼世,

（了知）魔與死所支配（之世界）。

一切覺者、覺知者了知一切世界,

為臻於涅槃,開啟堅固之不死門。

截斷、閉塞、乾涸惡德之流。

比丘！欣喜堅固成就之義。

此外,基於此自覺而讚歎佛德者,「中阿含」的《龍象經》所揭的「正覺生人間,自御得正定」等之偈,以及同樣是「中阿含」的《無常經》所揭的「無著第一樂」,「別譯雜阿含」的《娑羅林經》所揭的「汝實名佛陀」之偈,以及「婆耆娑」三經等,皆可見之,顯然是基於先前的《聖求經》所載而布演的,馬鳴的《大莊嚴論經》取其一部分作為讚詞。如是的布演,最為顯著的,應屬華嚴部,在述說佛之威神普及萬有的《羅摩伽經》中,是作為佛之宣示而揭載。於宏大的構想中,顯示佛陀之自覺,其中的數句實是基於 S. Nip. 之偈而予以發揮。今將巴利本所載穿插仕與此相當的漢譯之間,揭之如次：

第二章　佛陀的自覺

> 我所成妙法，知時諸門地，照除愚癡闇，（驅闇之佛陀）
> 普觀一切法，（有一切眼，了知世間之人）
> 我法門寂靜，……（永離世間惡。超越一切生存之人），
> 超出三界苦，……（無漏，棄捨一切苦之人）我以遍淨眼，普觀十方剎，我以淨耳海，普聞十方音，我入佛法界，通達三世法，明了一切智，十方微塵剎，悉轉正法輪。

　　佛陀的自覺如是成為佛教的理想，成為其感化之中心。佛陀持此自信，首先於婆羅捺斯郊外的鹿野苑轉法輪，度化憍陳如等五比丘，又教化城內長者數十人，彼等因而出家得道，自此，以佛陀為中心的佛教教團計有六十（或百十）名的阿羅漢得道者。於是，佛陀的自覺成為弘法救度之熱情，成為派遣此等弟子於四方之宣言。此一宣言乃是佛陀發於世間的第二次宣言，先前對優波迦之宣示是述說其內心之自覺，而此第二次之宣言，即是宣言

現身佛與法身佛

弘法之覺悟的一大告敕。就巴利本而言，此宣言保存在律典的「大品」與 S. N. 的「偈品」，漢譯本方面，《本行集經》有最完全的保存，《四分律》保存其韻文，與 S. N. 同本的「雜阿含」則是甚為簡單的保存。首先將巴利律典與《本行集經》所揭的告敕文對照如次：

比丘！我解脫人天一切束縛。	我已得解脫，
比丘！汝等亦解脫人天一切束縛。	應於一切諸天人中，
比丘！巡遊，為多人幸福，	汝等行行，為令多人得利益故，為
為多人安樂，為憐憫世間，	多人得安樂故，為世間求當來利
為利益人天，為幸福，為安樂。	益及安樂故，〔若欲行至他方聚落〕
同一（道）勿二人同行。	獨自得去，不須二人，……
比丘！始善，中善，終善，	當為說法，初中後善，
述說有義，有文，特為完善淨潔之法，	其義微妙具足無缺，
揭示淨行。	
有少污受生之眾生，	汝等比丘當說梵行，
不聞（法）故遠離法，	有諸眾生，少諸塵垢，薄於結使〔諸
（彼等乃）信受法者。	根成熟〕，恐畏不能聞正法，即不能得知於法相。

第二章　佛陀的自覺

　　佛陀如此宣言後，獨自一人前往優婁頻螺的兵將村（《本行集經》與《四分律》在此是以偈文述說其宣言大意）。惡魔為作阻撓，現身於佛前曰：

汝受人天一切縛所縛， 汝為大網羅所縛。 沙門！汝不得脫離我（惡魔）。	汝為諸縛之所縛，亦同諸天人等有， 既被一切繩所繫， 沙門汝不脫網羅。

佛曰：

我脫離人天一切縛， 我脫離大網羅。 汝有限者將亡。	我久已脫一切縛，天人所有我悉無， 我此諸縛既離身， 降汝波旬更何道。

惡魔再云：

縛在中而動，心如此動， 我以此縛汝。 沙門！汝不得脫離我。	汝內有結縛，心在於中行， 以是隨逐汝， 沙門不得脫。

佛答之曰：

現身佛與法身佛

形色、聲、香、味可樂。又意樂，而我無欲，故亡汝有限者。	一切色聲香味觸，此是五欲法染人，我今悉已一切除，降汝惡魔波旬訖。

　　惡魔脅迫之事只是神話，此宣言實是佛陀自己的使命感與自覺所促發，是向自己的信眾與對敵宣示的重要宣言。《五分律》完全沒有此段記載，又《普曜經》的諸本僅著力於轉法輪後的讚歎，亦缺此宣言，此即顯示後世佛徒的心目中，人間的佛陀的人格已被捨棄，改為著重於神話的人格。

　　一名沙門因此成為佛陀，成為覺者，其人格成為真理妙法之化現，而其結果是呈現出憐世救人的師主或船師的活動。佛徒相信此人格，相信其所宣布之真理，因而產生人法合一之信仰，此絕非偶然。亦即法身佛、應（現）身佛的思想與信仰，絕非只是出自後世的思索或解釋，佛陀的自覺與人格即是活生生的法身，亦即是法的化身。人心的歷史絕非架空而發動。有信仰者於現實的生滅之中，能發見及體證久遠之實相。

第三章　佛陀的感化以及弟子對此的態度
佛陀是如何，又是如何成為人天師，成為師主？

　　佛陀自信自己是絕對的覺者，依此自信轉而宣布其所證悟，更且生起令一切眾生解脫的決心與慈悲心。其慈憫感化的結果，可以說是殑伽流域所至，皆得隨喜，其教成為印度宗教的大勢力。最初聽聞佛陀說法的五比丘，以及諸多沙門、居士歸依佛的事跡與傳說，今無法一一述及。但從「中阿含」隨處可見的有關居士等歸依出家的記載，得以想見當時的布教改宗狀態。文曰：

| 一家之主，或其子，或其他家族所生者，聞其法。聞其法，其人對如來生信。……其人爾後或棄少財或棄多財，或 | 彼所說法，或居士，或居士子，聞得信於如來，彼於後時，捨少財物及多財物，捨少 |

| 棄少親戚，或棄諸多親戚，剃去毛髮髯鬚，著染色衣出家，修行。 | 親族及多親族，剃除髯髮，著袈裟衣，至信捨家，無家學道。 |

此外，從「長阿含」也可見及諸婆羅門聞佛盛名，詣之，遂受佛教化的記載。茲揭其前後部分如次：

| 沙門瞿曇兩親共貴，溯其七代父母共清淨，其生無污亦無譏。……
沙門瞿曇棄其親族出家。……

沙門瞿曇其相莊嚴，引人生信，顏色美具，……其音聲清爽，言說明瞭，具溫和辭令，……
沙門瞿曇為眾人之師。
沙門瞿曇漏欲已盡，脫一切動搖……
摩揭陀王洗尼頻毘娑羅，……拘薩羅王波斯匿歸依沙門瞿曇，……婆羅門沸伽羅及其子， | 沙門瞿曇七世以來父母清淨，不為他人之所輕毀
又沙門瞿曇生尊貴家，出家為道，……

又沙門瞿曇顏貌端正出剎利種，……善根言語柔輭和雅，……

又沙門瞿曇為眾導師，弟子眾多，……又沙門瞿曇永滅欲愛，無有卒暴，……
又沙門瞿曇恆為波斯匿王及瓶沙王禮敬供養，……沙門瞿曇為沸伽羅……梵……多利遮……鋸齒 |

第三章　佛陀的感化以及弟子對此的態度

其妻，其親族，其友皆歸依沙門瞿曇。

又沙門瞿曇為摩揭陀王洗尼頻毘娑羅……拘薩羅王波斯匿……婆羅門沸伽羅所敬重尊崇：任何人來我等村境者，無論沙門或婆羅門，我等須敬重尊崇之……。

婆羅門，首迦摩納，都題耶子所見供養，

……又沙門瞿曇為諸聲聞弟子之所宗奉禮敬供養，亦為諸天餘鬼神之所恭敬釋種、俱利、冥寧、跋祇、末羅、酥摩皆悉宗奉……

又沙門瞿曇授波斯匿王及瓶沙王三歸五戒，……弟子……諸天、釋種、俱利等皆受三歸五戒，又沙門瞿曇遊行之時，為一切人恭敬供養，……所至城郭聚落為人供養，……。

　　此乃是佛弟子經過觀察之後，將此當作異道婆羅門之言而傳誦，因此不可認為一切異學婆羅門皆對佛作出如此驚嘆之觀察。但佛陀的感化在當時具有何等勢力，據此可以想見。如此名稱流布的大師，就佛徒而言，即是正覺之師主，是最上正法之宣布者。亦即：

現身佛與法身佛

| 世尊出於世，是聖真覺者，智慧與行具足，善來，世間知者，無上之人，人與法之制御者，天人師，覺者，世尊。其人將己之所覺教化天、魔、梵天、沙門、婆羅門的世界，人天眾生。其人始善中善終善，有義有文，揭示特為完善淨潔之法，揭示淨行。 | 如是若世中出來如來，無所著，正等覺，明行成為，善逝，世間解，無上士，道法御，天人師，號佛眾祐，彼於此世天及魔梵沙門梵志乃至天人，自知自覺自作證成就遊，彼說法，初妙中妙竟妙，亦妙有義有文，具足清淨，顯現梵行。 |

　　此乃是佛徒屢屢用以稱呼佛陀之文句，從中足以窺見佛徒對於自覺悟道的師主之尊敬。類此的文句，經典中隨處可見，佛陀住世時，既已廣為使用。爾後不只是對於釋迦牟尼，在稱呼彌勒時，也採用之。若與先前派遣弟子之宣言作對照，此乃是所有佛徒努力即可到達的理想，佛陀即是其典範、目標、保證以及力量。佛徒歸依佛陀，尊仰為善逝或天人師之所以，其因完全是信賴其自覺，佛陀原先也具有作為人的諸漏，由於悟得真理，滅無明，故得以超越現世之生滅苦樂，今若相信其人格，於其相信中，自己必然也能獲得同樣的理想之力。佛陀自己基於其自覺，將同一法味授予眾生，弟子亦尊仰如此的師主，其尊仰之情，從

第三章　佛陀的感化以及弟子對此的態度

讚詞中即可見之。若是如此，佛陀是佛陀，是人天師之所以，應是無關其形而上的根柢，而是作為現實感化源泉，歸依目標，四諦之悟得者，八正道之體現者。依其智慧而成為真理之啟示者，其梵行成為眾人模範。一般而言，印度的宗教是將智慧與梵行解脫視為同一事實，三者必是相輔相成。因此佛陀是真理之悟得者，所以又是梵行之實行者，是解脫之實現者，從而又是真理之啟示者，道行之楷模，解脫之保證實力，因此，彼是一切眾生的師主，是歸依信賴的目標。智慧真理之啟示乃是道行模範之所以，又是解脫之實現。若是如此，佛陀並非人類以外的不可思議的存在，而是在人類之中，以人類的努力，發揮人類甚深根柢之理想的師表。此下揭出原始佛徒如何於佛陀的人格中尊仰如此的師表作為例證：

彼棄捨世中貪欲，住於無貪欲之心，令心離貪欲而清淨。棄捨怒，住於無怒之心，親愍一切眾生，令心離怒憤而清淨。棄捨懈怠與貪睡，住於無懈怠

彼於貪伺，淨除其心，如是瞋恚，睡眠、掉悔，斷疑度惑，於諸善法無有猶豫，彼於疑惑淨除其心，

無貪睡，知見，達觀，洞見，心離懈怠貪睡而清淨。棄捨高慢喧擾，住於無高慢，內觀潛心，心離高慢喧擾而清淨。棄捨疑，度疑而住，於善法中，無遲疑，令心離疑而清淨。

彼棄捨此等五蓋，了知心之穢，（了知令心）弱（之穢），斷諸欲，斷不善法，到達有分別，有思慮，依遠離而生，所護安樂之第一禪而住。……	彼斷此五蓋心穢慧羸，離欲離不善法，有覺有觀，生喜樂逮初禪成就遊，彼覺觀已息，內靖一心，無覺無觀，生喜樂，逮第二禪成就遊，
婆羅門！又比丘沉靜分別思慮，心潛於內，集中心，到達無分別無思慮，依三昧而生的入沒安樂之第二禪而住。	
……彼入沒，離欲捨離欲而住，正念正智身體享受聖者所指示之安樂，捨離，正念，止住於安樂，到達第三禪而住。	彼離喜欲捨無求遊，正念正智而身覺樂，謂聖所說，聖所捨，念樂住室，逮第三禪成就遊，
彼捨苦，又捨樂，又辭去先前的喜悅與憂慮，無苦無樂，捨離止念清淨到	彼樂滅苦滅，喜憂本已滅，不苦不樂，捨念清淨，逮第四禪成就遊，彼

第三章　佛陀的感化以及弟子對此的態度

達第四禪而住。如是，彼心定，清淨，無拂，無障，去穢，成為柔軟，成為濶達，確立，免動搖〔其心追憶前生而知之。…〕追懷諸漏滅盡，其心知之。

彼如實知此是苦，此乃苦之集……此乃苦之滅……此乃到達苦滅之道……此等為諸漏……此乃諸漏之集……此乃諸漏之滅……此乃到諸漏滅之道……彼知此見此之心，脫離情欲之漏，脫離存在之漏，脫離無明之漏，以解脫狀態知此乃解脫狀態。生已滅，梵行完成，行成就，彼知他（生）不再生起。婆羅門！此乃如來之道，如來之所守。婆羅門！如此聖眾聲聞達於終局，（可謂）世尊乃十全之覺者，法乃世尊所能宣示，教團（僧伽）能得歸趣。

已得如是定心，清淨無穢無煩，柔軟善住，得不動心，趣向漏盡，知通作證，

彼知此苦如真，知此苦習，知此苦滅，知此苦滅道如真，知此漏如真，知此漏習，知此漏滅，知此漏滅道如真，彼如是知，如是見，欲漏心解脫，有漏，無明漏，心解脫，

解脫已，便知解脫，生已盡，梵行已立，所作已辨，不更受有，如真知梵，先是謂如來所堀，如來所行，如來所服，彼以此為訖，世尊如來無所著正等覺，世尊所說法善，如來弟子聖眾善趣。

33

現身佛與法身佛

　　此文的最後三行於重複先前所述的一、二、三、四禪後，指出僅只如此，不可謂如來正等覺世尊法善聖眾善趣，應是其最高狀態，亦即此生已盡，才是真正了知如來，是了知其法以及其教團所依根柢。據此可見佛陀的人格是其教法與教團之中心，而其中心的佛陀，如全文之所呈現，可視為是智慧、梵行及解脫之模範或保證。故佛徒在述及佛陀的梵行漏盡時，屢屢以此文表述，又一般在述及比丘漏盡時，也反覆以此述之。此乃佛教之理想，一切眾生可達與佛陀相同的梵行漏盡之涅槃。此乃是歸依師主之所以，是信仰佛陀的目的，關於此等，將在述及信仰時，再作詳論。總的說來，觀察此間的關係，足以窺見佛徒如何將作為修行解脫之人的佛陀尊仰為師主，以及以如此的解脫為其理想。此外，指出佛陀成就戒、定、慧、解脫，或得宿命、天眼通，或智慧無餘，神通無餘，到達法之無上等等的記載，都是在顯示此間關係。

　　總合此等看來，佛徒尊仰佛陀為師主之所以，亦即其歸依信仰之所歸著，是在於佛陀的所有方面。第一，斷滅一切情欲煩惱，得靜安安隱，一切善行是從其性格自然湧出的偉大道德的人

第三章　佛陀的感化以及弟子對此的態度

格，又是修禪入定，脫離現世束縛，入彼岸之光明界，以及具有沉思內觀的不可測之力的透觀者，又是如此的獎勵道行修煉。在宣布其真理時，是以柔軟之言與殷懃之教教化民眾，是如此風靡人心的教化者；在統率其弟子比丘時，道行森嚴，具有令彼等戰慄的師主態度，同時又是依其平和精神，以及同一理想而令彼等得以和合的威嚴教團領導者，凡此，皆是一切人民於佛陀的人格中，所見的天人師、師主、善逝，因此歸依佛陀之所以。

　　加之，當時印度人相信如此偉大的人物必具有神通力。亦即佛教的神通力即使如同後世瑜伽等所具的神通（即悉地），並非魔術性的，但一般而言，神通力的信仰是吠陀以來的信仰，阿闍婆的宗教所說的依神力所得的利福之義的「神通力」一語，在佛教中，被視為是聖者的特性。奧義書的哲學相信藉由沉思冥想之力能左右世事，因此，如此的信仰存在於佛教中，不足為奇。路易士戴維斯將《涅槃經》所揭佛陀渡河一事，視為佛典中唯一出現的奇跡神通，然此乃是對於奇跡的觀點有廣狹之別所致，實則神通的信仰隨處可見，宿命、天眼、天耳等三明乃是佛陀的神力，此與瑜伽的悉地並無根本上的差異。吸收奧義書哲學的空

氣，尤其是實行禪定沉思，對於譬喻與空想之區別不明顯的當時信仰而言，此乃是自然之勢。若是如此，弟子尊仰佛陀為師主的原因之一，顯然也在於神通的信仰。漏盡梵行之德與四禪達觀之洞觀者實與佛陀的人格不可分離。

佛陀天人師的性格雖具有種種方面，然其中心主義是真理的證悟者，亦即覺者的性格最為主要，此當切記莫忘。印度的觀念主義哲學中，真理之知即是萬德萬能之中心源泉，一切道行，一切觀行，若無此目的，一切都是空幻。因此，佛教中，證悟即是梵行，滅漏斷欲的梵行實與了知其欲漏苦樂真相的「覺」不可區分。其四禪是行，亦即是知。佛成道的宣言中，指出見四諦之真理，即是斷絕苦源，生死永滅。此即是佛陀的根本性格，亦即是自覺，弟子相信佛的如此自覺，且歸依其人格，尊仰為師主。亦即歸依佛陀乃是歸依四諦真理，此真理實相是由佛陀作為教法達磨而宣布，因此歸依佛，即是歸依其教法。佛陀是真理之體證者，教法是其體證之呈現，因此，佛陀是此教法與真理之化現。佛的歸依與法之歸依乃是佛陀自覺之人格以及信此人格的信仰其自然結果，或是其根柢。佛與法的一致是佛教根本，其意識即山

第三章　佛陀的感化以及弟子對此的態度

自佛陀之自覺。但法佛一致的形而上的解釋雖然未必一開始就被明白的意識，然其事實是，第一顯現於佛陀自覺，第二顯現於對於此自覺的弟子的信仰中，其觀念則於佛是以其法濟度眾生之師主呈現。作為佛之所言，顯示出如此的意識的，隨處可見：

> 我成等正覺，自所見法，為人說。
> 如來……能自覺法，通達無上菩提，於未來世開覺聲聞而說法，……知道，分別道，說道，通道，復能成就諸聲聞教授，教誡如是，說正順欣樂善法。

如此的教師即是法之主，法之源泉。故佛自己如此宣言曰：

> 我乃是王，無上之法王，依法而轉輪，轉不敗之輪。
> 弟子亦常以佛為法王法本，比擬為轉輪王。
> 如來的覺者是依法之法王。彼即基於法，受法，重法，崇法之法幢，法標，又是法將，（彼）於人間

現身佛與法身佛

固守法城。

諸法以世尊為根，以世尊為歸著，以世尊為依處。	世尊為法本，世尊為法主，法依世尊，
世尊知知，見見，得眼，得知，得法，得梵之教示者，義之開示者，不死之頒予者，法主，如來。	世尊是眼，是智，是義，是法，法主，法將，說真諦義，現一切義。

要言之，佛陀是覺者，是法之宣示者，法之宣示即苦因之絕滅，是故，佛是解脫道之導師，是師主。此中的關係，依「雜阿含」中，比丘尼折羅自述其歸佛之狀態，即得以知之。曰：

生者有死，	生者必有死，	生者必有死，
生者見諸苦，	生則受諸苦，	眾苦所纏縛，
諸蘊當壓殺，	當斷一切苦，……	一切苦應斷，
是故我不樂生。	超越一切生，	是以不求生，
佛陀宣說法，	慧眼觀聖諦，	具眼牟尼尊，
（宣說）生之絕滅	牟尼所說法，	說斯真諦法，
為棄一切苦，	苦苦及苦業，	苦因生於苦，

第三章　佛陀的感化以及弟子對此的態度

彼引導吾等於真理中。	滅盡離諸苦，	皆應捨離之，
彼等……	修習八正道，	修聖八正道，
	安隱趣涅槃，	安隱趣涅槃，
……	我欣樂彼法，	我樂是教法，
不知滅之徒，	我知彼法故，	我證知彼法，
乃是復入生之人。	不復樂受生。	是故不樂生。

如此之教，如此的教主感化世上迷者與煩惱者，使其歸依佛與法之事跡甚多。婆羅門卑嶷曰：

蹣跚行於泥中，從此島漂流於彼島。
然見圓滿之佛陀，（見已）度流無漏（之佛而獲救）。

尊者婆耆舍追想其之改宗，曰：

先前我迷醉於空想，	本欲心狂惑，	我昔如荒醉，
從此城至彼城，從此村至彼村。	聚落及家家，	經歷諸城邑，
然見圓滿之佛陀，	遊行偶見佛，	遊行得值佛，

39

現身佛與法身佛

信於此生起。	授我殊勝法，……	即蒙大福利，……
彼為我宣示法，……	為我說正法，	為我說正法，
聞其法，	聞法得淨信，	我聞正法已，
我出家修行。	捨非家出家。	思惟出家者。

　　此外，或述說佛的親切說法，除其心蒙昧，或指出大導師之道化普及男女長幼，拂除眾生之苦，說為佛揭示一切彼岸之法，然主要是以慈悲宣說四諦之理。佛是醫王，以其智慧之錍拔除眾生毒箭。佛陀依其智慧的證悟解脫世間繫縛的此一信仰，是佛教之主要動力，歸依佛陀即是相信此正法宣示者的法，依其法可得相同的解脫。若是如此，其修行不離此智慧，依據修行可入與佛相同之妙境。佛陀是如此的師主，以如此的感化獎勵弟子的智慧梵行。

　　若是如此，如同佛與眾生本性上的一致，其理想或道行也是同一，此乃是佛徒尊仰佛陀為師主之所以，佛陀並不是因為異於常人而成為師主，佛陀與吾等並無不同，然佛因證悟而入正覺之境，因此，眾生若信之，得其法，必可入相同之境。如是作為度脫模範、保證、導師，乃至具有度脫之力的，即是師主善逝。是

第三章　佛陀的感化以及弟子對此的態度

故 A. N. 指出佛具有（1）了知正邪，（2）通曉三世之行本與果報，（3）依智慧三昧而知其穢瑾，（4）通宿命，（5）有天眼，見一切眾生的善惡行動，（6）住於洞見成就等六力，但又指出此六力具足並非唯佛陀獨擅，比丘等亦能成就而入涅槃，進而於又述說比丘成道之德。「增一阿含」卷二十九也指出思惟如來的五分法成就，依此可滅生死。此處所謂的思惟（念）如來功德，是指依其思惟可得同一解脫，此即是信仰之義，後文將就此予以詳述，但此處必須先指出此信仰並非後世所謂的他力念佛的思想。所謂念如來功德，固然可歸於以自己為如來，獲得其功德之力，然此處是指出自尊仰信賴佛為師主，依其信仰而步向師主所引導之道，向智行邁進。

> 如是，比丘生信，信如來乃是世尊等正覺……，無病，得安泰，不寒不熱，得中庸之努力忍耐，不偽不迷，如實於師主或智者梵行者中顯義，住於精進，棄捨不善法，生起善法，於善法中，決定、勉強、牢固，成為有智慧之人，得向上之智慧，成

聖，得苦之斷滅。

以如來為師主，得如此之力與德。然其力與德不外於出自信所出的行。是故，如同佛之修行在於四解脫之法，比丘亦應修四解脫，然其修行又是因於以佛陀為師主而歸依的信仰而成就。是故，A. N. 第四品揭出佛的四解脫成就，「增一阿含」卷二十三述說佛成道之前的努力，將其成道之因歸諸四解脫，進而指出依此法而成道者不只釋迦佛而已，一切諸佛及眾生同樣依此四法而入涅槃，其文曰：

……如實知之，即成無上正真之道，若使有比丘，或有沙門婆羅門，明了諸趣，然此趣原本吾昔未始不行，……賢聖戒律，……三昧、……智慧、……解脫、……賢聖解脫知見，卿等亦得之，以斷胞胎之根，生死永盡，……是故比丘當求方便成就四法，所以然者，若比丘得之四法者，成道不難，如我者今日成無上正真之道，皆由四法，而得成果。

第三章　佛陀的感化以及弟子對此的態度

　　亦即信乃是得以歸依如來之德與力之所以，其歸依又能令此修行生起，令信與明行具足增長，令眾生解脫。佛陀是如此的修行道之導者，如此的修行者之力。S. N. 列舉佛的正覺成道之道，最後揭出佛陀對此所揭示之義。曰：

> 如來正等覺者是未成之道之成就者，是未知之道之啟示者，是未示之道之宣說者，是通於道、知曉道及熟悉道之人。若是如此，比丘！聲聞沿襲此道，止住於隨順成就。此乃如來正等覺者異於（一般）智慧解脫比丘之處，是殊勝的特殊之處。

　　佛陀作為人，滅其諸漏，解脫煩惱而成為覺者，他人亦無異於彼。佛之所教既是平等普遍，豈有任何人漏其教化，而被排除於其理想之外的道理。佛與所有的人都步向同一菩提之道，到達同一的涅槃，而此乃是佛教的智慧解脫必然所趨。上來所揭諸傳是表明實行此一思想，然其理想之根柢當然有一切平等之理想。若解脫梵行只是佛所能到達的理想之境，則佛法之宣布將是毫無

用處，為多人利樂而宣布法之宣言亦成為空言。佛陀的漏盡梵行以及不復受生之狀態經常作為一切修道者共同的狀態而被述說，其慈滿的所謂四無量亦同樣作為一切羅漢之慈心而被指出，此即是顯示此一平等之理想。是故婆蹉種婆羅門白佛曰：

瞿曇！若此法唯有瞿曇得以成就，比丘不得成就，……瞿曇得以成就，比丘得成就，比丘尼不得成就，……在家白衣淨行優婆塞不得成就，……樂諸欲不得成就，……在家白衣淨行優婆夷不得成就……樂諸欲樂不得成就，……此淨行不完全。若此法瞿曇得以成就，比丘得以成就，比丘尼得以成，在家白衣淨行優婆塞，……樂諸欲得以成就，在家白衣淨行優婆夷，……樂諸欲得以成就故，此淨行完全。	若沙門瞿曇成等正覺，若比丘，比丘尼，優婆塞，優婆夷修梵行者及優婆塞、優婆夷服習五欲，不得如是功德者，則不滿足，以沙門瞿曇成等正覺、比丘、比丘尼、優婆塞、優婆夷修諸梵行，及優婆塞、優婆夷服習五欲，而成就爾所功德，故則為滿足……
瞿曇！恰如殑伽河傾於海，向於海，注於海靜入於海，如此從瞿曇者在家出家皆傾於涅槃，向於涅槃，住於涅槃，靜入於涅槃。	如天大雨水流隨下，瞿曇法律亦復如是，比丘、比丘尼……若男若女，悉皆隨流向於涅槃，浚輸涅槃。

第三章　佛陀的感化以及弟子對此的態度

其思想明晰,一切平等解脫之理想透徹,由此可見。若歸依佛陀,不問在家出家,四眾皆共入同一佛智海,浴於同一法味,八未曾有法中的四眾入同一佛法而平等之說,恰如印度四大河入海,成為同一海水,或如大河之匯流入海,眾生皆依佛法而入涅槃,此乃佛屢屢之所宣示。亦即佛陀是如此將一切水輸入於海的師主,是容納一切水流的平等水道,又是引導眾生至生死大海之彼岸的船師。

要言之,佛陀作為師主善逝的人格根柢,在於以真理之悟得為中心而湧出的梵行神通的偉人人格,而如此的師主實現其感化教導妙用之活動,所謂的如來聖眾成就,其感化弘深之所以,在於一切同一成道的平等的理想,以及努力令此理想實現的慈悲。而平等的理想與慈悲的活動若探其根柢,則是佛依悟道而體證真理之自覺。

進而就其理想與活動見之。

佛陀的布教普遍平等,民眾之間並無區別,此依《典尊經》所述的功德成就,即得以知之。但若據此而認為佛陀對於社會現存的制度也是平等實行之,則是錯誤。若入於佛陀法味,必然萬

人同一。修道者或入道者，漏盡之人，或住法之人皆與佛結合，剎帝利或婆羅門，居士或沙門皆是如來眷屬。雖然如此，但處於此世間，人有賢愚之別，器有優劣之異。就當時印度的狀態而言，婦人一般不如男子才器優秀，又一般缺乏勇猛。是故佛陀為比丘尼訂八敬法，令彼等居於比丘下位，又有女人不得成為轉輪王或成為佛陀之說。關於佛教對於婦人的態度，還應考察者不少，然此處暫且略過，僅只暫且指出佛陀的平等並非只是否定現世的差別而已。理由同此，佛陀也認同生家差別實與人的氣品有關，就族姓子而言，善種族姓的人入道較多於卑種姓之人，又佛徒在述及佛陀種姓時，是以剎利二足尊稱之。雖然如此，但一旦脫離現世社會之束縛，進入教團，佛陀也明白揭出四姓平等，指出縱使是婆羅門，若其精神汙濁，亦不外於黑姓；縱使出身卑姓，若精神淨潔，則是白淨之人；又指出無論身為何等種姓，一旦剃髮成為佛弟子，則如同諸河之水入海，皆失其名與特性，一味平等，是以此理想統率其教團。如此形式上的平等，實是出自精神的平等，是出自任何人依同一修行而與佛陀步向相同之道的信仰。而此源泉的平等主義在於佛陀的自覺。

第三章　佛陀的感化以及弟子對此的態度

任何人依同一法、同一道而入同一涅槃，而成為佛陀，反過來說，作為人類，佛陀的肉體生活，同於眾人，有情欲，為世事繫縛，只是因於解脫而成為佛陀。換言之，佛陀的成道絕非奇跡，佛陀是實實在在的人，是作為人而成就佛道。此若對照佛陀之自覺，自然極其清楚，但佛滅後的佛徒將佛陀視為神人，最後甚至否定其作為人的性質，或將其肉身之一生視為只是幻影。依《涅槃經》所述，從佛陀之誕生乃至其大小便，皆是方便示現，此等並非現身的繫縛，而是隨順世間而顯現。此正如基督教初期將基督的人性視為只是幻影的「幻影論」相同，此無須等待大乘經典出現，於佛滅後二百年結集時，既已存在，論藏的註釋曾揭出其一一論點，且破斥如此之見。但此乃屬教理史上的問題，此處不欲深究。此外，在最古的聖典中，否定佛陀的人性的言論，也可見之。亦即在 A. N. 及「雜阿含」中，佛陀曾明言自己並非常人：

| 我既非天……揵陀婆……夜叉……亦非人。 | 我非天龍、阿修羅、緊那、摩睺、乾闥婆亦非夜叉及以人。 |

現身佛與法身佛

　　凱倫據此認為將佛視為非人，只是以人的形象呈現的信仰乃是佛教全體的信仰。但此乃偏狹之見，若以佛陀脫離世間束縛，住於人間，但不受人間汙穢所污之義，佛陀是佛陀，並不是有五欲煩惱的人，但絕非其人的一生只是幻影之意。「增一阿含」曰：

　　　　非天乾沓婆，非鬼羅剎種，三世得解脫，今我是人
　　　　身。……成於無上道。

「增一阿含」卷二十八所揭如來出世五事中，佛曾明白的指出：

　　　　可用人間之食用飯如來所以然者，我身生於人間，
　　　　長於人間，於人間得成。

亦即佛令帝釋用通常飯食供養。

　　若是如此，脫離人間繫縛的佛陀是受此人身，作為人，確實經過修行的奮鬥過程。其作為人的生活，以及人身的行動絕非幻

第三章　佛陀的感化以及弟子對此的態度

影或是方便。佛陀每每自述其作為人的證道前後的心理過程，弟子亦相信佛作為人的事實，又視佛乃是人間修行之理想。此乃是佛陀作為眾人師主，傳布其平等教化之根柢。此心理經歷的內容在第一章既已詳及，但此處再次引用其作為人的自覺之言如次。《聖求經》曰：

| 我於覺悟之前，曾是一名未覺者，又作為求覺者，自從生法（以身）求生法，……求老法，……求死法，……求病法，……求憂法，……求煩惱法。 | 我本來未覺無上正等覺時，……我實自老法，無辜自求老法，我實病法、死法、愁憂感法、穢汙法、無辜、求穢汙法。 |

　　進而此經明白揭出作為人的求法及成道經過，此如先前所述。尤其在漢譯的《聖求經》中，明白揭出其二十九歲之前的世間遊戲事跡。此外，隨處可見的「我未成佛時」之說，皆是述說其成道前後之心理。或述及雖獲父王寵愛，然於豪奢的宮殿生活中，仍專注於生死之考察，或述說曾希望如天人之光明形色，最後到達智見之大光明，或述說從五蘊之樂轉為證得五蘊生成之如

49

實相，或述說與魔王波旬戰鬥，或述說在林樹塚間靜坐，屏絕畏怖，或樹下靜坐修四禪，或於靜坐中，所思惟的事事物物；或尋其成道之跡，將其因歸於思惟與忍等二力，依此二力斷絕無明乃至渴愛生死。此等皆屬佛陀作為人的心理過程。據此看來，「佛本是凡夫」的觀念乃是原始時代的信仰，是佛教一貫如此的觀念，從而述說佛之功德時，附上「生釋氏宮」，或「生釋種家」等語，也是基於原始信仰，爾後才將誕生解釋為應現。要言之，如同基督的自稱「人子」，佛陀也是自稱為人。

擁有十力、八不共法、四無畏、四未曾有法，修四禪，具有天眼天耳之通力，無障蓋的一切知的第一覺者的佛陀，其初始也有眾人所具的障蓋塵垢，是經由與煩惱戰鬥才成為佛陀，此乃是佛陀自身及佛弟子堅定又明白之所信。依自覺而到達涅槃，是佛成為佛之所以，又是一切佛徒之理想，是佛教感化之重點。此即其後所述的自歸依自燈明的根柢。「凡夫終將成佛」也是佛教一貫的信仰與理想。

既有此平等普遍之理想，其結果必然產生平等感化之活動，以及博愛慈悲之教。一切人可成為佛，自然產生實現此理想的博

第三章　佛陀的感化以及弟子對此的態度

愛活動。若佛陀有真理體得之自信，但對於一切眾生不具有傳道以及欲濟度群倫之大悲心，若無將己之饒益施予他人，若無以己之梵行教導他人之勇猛心，則其教同於其他哲學師主，佛將只是一名知者而已。其自信之強與慈心之誠篤，能服人心之跡，在「雜阿含」的三菩提之記事得以見之。拘薩羅國的波斯匿王於聽聞佛宣言無上正覺者之後，如是問佛：「如諸耆宿、婆羅門六大師，未曾如此自信，汝以年少出家之身，何以如此大膽？」佛答：「火雖小能焚山野，比丘雖小絕不可輕。」王遂感嘆曰：「佛所說法恰如暗中持光而來」。然此自信不只是自信，過去諸佛處於山林，獨樂其道，然此佛陀則是自覺亦覺人。「長阿含」之散陀那曰：

世尊自覺為覺（菩提）說法，	沙門瞿曇能說菩提，
世尊自制欲，為制欲說法，	自能調伏能調伏人，
世尊自滅欲，為滅欲說法，	自得止息能止息人，
世尊自度，為濟度說法，	自度彼岸能使人度，
	自得解脫能解脫人，
世尊自般涅槃，為般涅槃說法。	自得滅度能滅度人。

其他類此自覺之宣言，或讚歎之詞隨處可見。

> 我今為自饒益亦饒益他，饒益多人，憫傷世間，為天為人求義及饒益，求安隱快樂，今說法得至究竟，究竟白淨，究竟梵行，……我今得脫一切苦。

或曰：

> 如來出世，不降者降，不度者度，不獲者獲，不解脫者令解脫，不般涅槃者使般涅槃，無救者與作救護，盲者作眼目，病者作大醫王，……福田無出如來上者。

又「增一阿含」卷三十二，曰：

> 如來有大慈悲，憫念一切未度者，使令得度，不捨一切眾如母愛子。

第三章　佛陀的感化以及弟子對此的態度

皆與先前所引同義,從中足以窺見佛弟子是如何尊仰佛之慈悲。

　　佛陀的慈悲在於憐憫一切眾生迷失於無明之中,故欲令解脫之。其根柢是求智慧之教,然其智慧不只是為知之智,而是作為觀念主義哲學之常,知即是行,行即是知,慈悲出自智慧,是一切德行之本。龍樹指出般若(智慧)是菩薩之母,慈悲是其女,此即是佛教根柢。因此,其慈悲不只是對於佛徒,亦及於一切眾生,更普及於二足四足之虫類,佛陀之法樂也及於禽獸。視眾生如其子,此不只是佛陀的慈悲,又是一切佛徒的道德。而佛陀即是此慈悲之實現,天人師之師主是將一切視為其子的善逝度主。

　　如此的無限圓滿慈悲,即是所謂的四無量心,此一方面的述說甚多。曰:

彼以與愛結合之心,擴及第一方而住,又第二方,又第三方,又第四方,又上下(而住),一切方所,任何處所,與愛結合之心廣大無限,無怒與憤之心擴及全世界而住。與憐憫結合之心,……與喜結

以慈心普滿一方,而自娛樂成就遊,二方、三方、四方亦然,四維上下於一方中亦爾,一切一切世間以慈心無限無量不可稱計心,無恚怒而自遊戲,復以悲心,……復以喜心,……復以獲心,……。

現身佛與法身佛

> 合之心，……與靜穩結合之
> 心，……。

　　此等或作為佛德之讚歎，或作為佛徒體會教主慈悲遍滿的理想狀態，經中隨處可見。足以想見佛陀的慈悲心如何感動其弟子。佛陀依其悟道與慈悲成為眾人導師，成為人天師主，更且期望眾生依據與自身相同之修行，到達相同之證悟，進而發揮慈悲。眾生與佛的差別在於佛是無師，是自己完成，而眾生是以佛陀為師主，依此而步於其道。若是如此，歸依佛，投向其慈悲者可遊於與佛相同的理想，可達於涅槃，而平等之慈悲又與普遍潤達之教法相應，成為佛陀之感化力。世人或有認為佛之教法中應有內祕，但除了應根機之別而教化不同之外，佛教並無內外公祕之別。故曰：

> 恰如使屈者直，蔽者顯現，為迷者示道，暗中持來光明，有眼者見此形色，如此的瞿曇以種種方式揭示法。

第三章　佛陀的感化以及弟子對此的態度

此法能照眾生心暗，此慈悲能透徹一切人類心情，於印度宗教史中，塑出無比的師主之人格，確立佛教之根柢。智慧與慈悲乃是令佛陀成為善逝之原動力，又是佛教之中心。

據此可以窺見佛徒以佛陀為師主而歸依佛陀的態度。對於絕對的覺者與救度眾生之舟主的歸依，一言以蔽之，是信賴其人格，是浴於其法味，體證其道行理想的「信」。然此信並非入於他力迴向的信，亦非對於神之攝護的信，而是對於佛陀之人格的愛。是故，「中阿含」的阿梨吒指出信法者脫離一切蒙蔽障蓋，進而又曰：

| 比丘！法依我而能說，明示，如去衣之明顯。於此……明白之法守法，守信之比丘皆向最上覺。法……明白，依此……明白之法，於我置信，悅愛者，皆向天。 | 我法善說，發露廣布，無有空缺，流布宣傳，乃至天人，彼……定趣正覺，如是我法善說，……若有信樂於我，而命終者，必皆生善處。 |

如是，信佛之教法，愛佛之人格，念念念之，不捨不離，依此信與愛，自己確實體現如來師主之感化力的信之狀態，依先前

所引卑嶷婆羅門追憶其求道的告白,即可知之。曰:

> 我於一瞬亦不離彼,(彼)智慧多的瞿曇,思慮多的瞿曇,
> 明晰又經時說法的(彼),無渴愛,無惱(的說法的)彼無倫比。
> 我以心與眼見彼,夜與晝皆不捨(見彼),
> 歸敬,我相信我渡過夜,又不離彼。
> 信與悅與心與念,令吾歸於瞿曇之教。
> 智慧多(之人)前往任何方所,於其方所,吾等歸依。
> 吾老且力盡之此身不行於其處,
> 吾決心常前往(其方所),吾心與彼結合故。

句句皆吐露老婆羅門真心之信仰。此信能令人歸於佛,咀嚼佛所說之法,證得涅槃。若是如此,佛教的「信」是對於自覺且以慈悲傳其教,自己成就戒定慧,且令眾生前往同一菩提道的覺

第三章　佛陀的感化以及弟子對此的態度

者師主的「信」，安心於隨從其教，步往其道，相信佛之人格，得向上之力，與佛共入涅槃之「信」。是故，「增一阿含」卷十二述說眾生之篤信，指出眾生於正法發意，成就戒定慧而解脫，A. N. 又將依四法而行法，安於精進梵行的狀態稱為信。因此，信既是愛又是力。《求解經》首先指出法即是歸於世尊，而吾等有必要了解此世尊佛陀是何等的人，世尊無一切穢，其法純潔，其修行勇健，無恐，無怯懦，依如此的人格統率感化其弟子，最後指出對於如此的世尊之信，即是令吾等獲得道行之根，是給予吾等力之所以。最後又曰：

| 我為聞法而前往世尊之處，世尊為我述說判別上復上，圓滿復圓滿，黑（穢）與白（淨）之法。世尊……所說之法，於其法中，了知一法，於諸法十分達，於師主之中安立，「世尊是完全的覺者」。
任何人依其信有如此實質如此進行，如此意義，於如來中固定，得根，確 | 如是如是我聞，如來為我說法，上復上，妙復妙，善除黑白，如是如是，我聞，已知斷一法，於諸法得究竟，靖信世尊，彼世尊正覺盡也，

……若有此行，有此力，有此智，深著如來，信根已立者，是謂信見 |

現身佛與法身佛

| 立之人是以有實質之信（的人），以知見為根（的人），堪稱有力（之人）。 | 本不壞智相應，……。 |

有如此不壞不可奪之信，才可說是真正知曉如來的人，對於如此的如來之信，才可說具有濟度眾生之力。

| 依信度流，依不放逸（度）海，
依勇猛除苦，依智慧而清淨。 | 信能度駛流，不放逸越海，
精進能除苦，智慧能使淨。 |

亦即信中所得之力，能安心，離怖畏，勇猛趣進梵行，而此修行又襄助信，信、慧、勇相輔相助。而依其信慧之所基完全在於佛陀師主。依信得師主之力，不將佛陀視為外在的人，而以己心歡迎接受之，尊仰為善逝，自身體證其法、其慧、其力，自己實現佛陀的人格，以此為如來者，即是真信之人，此真信乃是度脫的唯一之道，是不死之法。

| 其人之信是於如來確信不移，
其人之善戒是於聖安心，
其人之安立於僧伽明顯， | 正信於如來，決定不傾動，
受持真實戒，聖戒無厭者，
於佛心清淨，成就於正見， |

其人稱為不貧,其人之生命不空。| 當知非貧苦,不空而自活,
是故,信、戒、安立與法之明知,| 故於佛法僧,當生清淨信,
以及弘佛之教與賢者合體。| 智慧力增明,思念佛正教。

此巴利傳所揭是將「安立」當作置身僧團而修行之義使用,但漢譯(別譯缺)是載為於佛心中安立,又一般認為信與安立是以佛為中心。最後作為本章結尾,揭出此具有此意識之說,作為佛徒對於師主之信仰的決論。文曰:

了知一切眾生脫離死繩,

親為天與人揭示知與法之人,

見其人,或聞,眾人得安立。

(見或聞)道之道,善,決定,無漏之人,

(其人是)佛陀,達身命之終結,有大智慧之大

人,(信)。

依如此的信仰,以佛陀為中心,修相同道行的弟子又親自體驗其精神上的融合一致,乃是自然之數,佛陀是如此的和合聖眾

現身佛與法身佛

之中心導師。彼不只是率領統御弟子的神聖清淨團體之首，其精神的團結得以形成水火王賊不能犯的精神王國之所以，是因於其中心導師的佛陀實是無上的帝王。而如此的精神王國，不只包括人間的現實聖眾，也含有諸天精靈皆參預的信仰。《大會經》描述如此的聖眾的精神集合，揭出佛教僧團的理想，而此乃是弟子等對於佛陀的尊信歸敬所導致的必然結果，後世「華嚴」等大乘經典所描述的，即是如此理想的聖眾。

第四章　佛陀的入滅與佛身問題之端緒
佛陀何故入滅，佛陀的直傳弟子對此作何解釋

　　佛教的產生源自佛陀的自覺，而佛徒的歸依與安立則與善逝師主的人格有關。佛陀成道以來五十年平穩且熱誠慈悲的教化，於其直傳弟子心中留下深刻印象，彼等長久以來一直沐浴於如同溫煦春日的教化。雖然如此，但擁有人身，生存於此世的佛陀，亦不能違反其經常揭示的無常法則，亦隨從會者必至常離之定軌，其肉身永別世間而入滅。死亡的問題促進人生最幽玄的思想與真摯之考察。師主覺者的入滅永逝，於其弟子給予何等深遠痛切的觸動，今亦無須特為詳述。佛陀結束其悠悠五十年的教化，衰老病亡，然於其示寂之前，猶懇切交代後事，叮囑其高徒應親

現身佛與法身佛

切教導新來徒眾，之後，於祁連跋提河畔，隨著落日沒其餘輝，經四禪而入大般涅槃。相較於基督僅只二十三年的教化，即遭遇突如其來的厄運，最後血濺十字架而逝去，佛陀的入滅給予弟子的觸動，不如基督的劇烈悲壯，也是自然之數。雖然如此，但死亡所帶來的悲痛印象仍是相同，雖然劇烈不如基督，但仍極為深刻，此乃不言可喻。

〔諸欲未滅的〕比丘等或延腕而泣，或撲倒在地，或四方奔馳，（思曰：）如此快速，佛陀入滅，如此快速，如來入滅，如此快速，世光消失。	諸比丘悲慟殞絕，自投於地，宛轉號咷，不能自勝，歔欷而言，如來滅度何其駛哉，世尊滅度何其疾哉，大法淪翳何其速哉，群生長衰，世間眼滅。

當時實狀，據此完全得以想見。漢譯本所載是一切比丘皆如此情狀，而巴利傳所記載的是，情欲滅盡的比丘並非如此悲嘆，而是慨嘆諸行無常。一般而言，遭逢此境，傷感悲傷乃是自然之勢。但遭逢失其師主之變的佛徒，卻無須啼泣愁傷。此因彼等常聞師主所揭無常之教訓，熟知死亡並不可悲。悲傷佛陀長逝的彼

第四章　佛陀的入滅與佛身問題之端緒

等,是從佛陀求得安立,而彼等之信完全在於佛陀的人格及其教法。佛陀的教法實以無我與無常為其基礎,認為一切現象是由五陰組成,覺悟世事皆無常如幻,故以入於無我無相之涅槃作為理想。生是處於五欲三毒之界,死是入於涅槃理想之道。解脫五欲者於其生存中,已得涅槃,因此,死即是肉體生死的結束,生死解脫的涅槃可依超越世間之色身而得。佛陀是勝者,已解脫世間繫縛,然其涅槃須依死亡才入無餘之地,故如此的死亡並不可悲,而是真正永遠的歡喜。

住心,入於牢固的人,已無呼吸,	佛以無為住,
不動,得安穩,(此)寂者超越時,	不用出入息,
(彼)以無曲之心超越感覺,	本由寂靜來,
如燈火之滅的心解脫。	靈曜於是沒。

　　此乃是佛教教理的自然結果,死是涅槃之完成,亦即是般涅槃。更且佛陀的入滅是老衰自然之死,是其圓滿的一生之終結,佛陀對於歸依自己,依自己而安立的弟子,一再重複其平生教訓,揭示無常之理也是自然之勢。

現身佛與法身佛

| 阿難陀！我所說之法無內外，如來諸法中，並無教師之祕密者。……阿難陀！我又老，衰……，年已八十恰如老車須依修理才能動，如是，如來的身體亦須經由修護。 | 阿難我所說法內外已訖，自稱所見通達，吾已老矣，年粗八十，譬如故車，方便修治得所至，吾身亦然，以方便力得少留壽。 |

　　如此的有關死亡的訓誨乃是佛陀經常所為，尤其故車之喻，於他處也可見之。無常之教幾乎是佛教的根本教化，佛陀常傳其教化，且有眾多高徒知其感化與教法，令其弟子等以其教法為安立之地，又特為述說無常之理，一來使其弟子不驚怖師主之長逝，二來對於佛教之教訓適切的給予印象。

| 阿難陀！先前我豈不說耶？與一切親者悅者別離。生者，成立者，集成者，滅者不滅。無有此事。阿難陀！如來辭此，脫此，捨此，除此，如來完全除去命之集成。如來之言曰：不久如來將入滅，此後經三個月如來將入滅。 | 佛告諸比丘！世間無常，無有牢固，皆當離散，在者心識處行但為自欺，恩愛合離其誰得久，天地須彌尚有崩壞，況于人物，而欲長存，生死憂苦可厭已矣，佛後三月當般泥洹，勿怪，勿憂。 |

第四章　佛陀的入滅與佛身問題之端緒

　　無常必滅之理乃是失去師主的佛徒之慰籍。佛陀是天人師，是最上尊，然其肉身則是生於樓毘尼園，是遊行於諸處的現實的人。因此，雖然是佛，仍不能免其肉身之死，所謂諸行無常，生者必滅。

此世所成的一切生皆應散去，此世無比之此師，力大覺滿的如來入滅。	一切民萠類，皆當捨諸陰， 佛為無上尊，世間無等倫， 如來大雄聖，有無畏神力， 世尊當久住，而今般涅槃。

　　無常乃是必然，其力能破壞一切，佛陀之身亦不能免，此雖是佛教自然觀念，然此一觀念多少仍具有不得已之傾向。縱使已屏絕世累，無意於人生，但對於佛徒而言，僅只如此未必得以完全滿足其失去師主的失望。是故，佛陀的入滅，就其一生而言，是已盡天職之死，或依其理想而言，是圓滿的大般涅槃——必須有此慰籍。事實上，佛陀的入寂，確實是如此的圓滿之最後。是故在《涅槃經》中，在悲嘆的情懷之下，表白此情者其數也不少。佛陀為其弟子指出佛道修行要諦與佛陀的四法成就，完全是

現身佛與法身佛

在揭示其所覺悟與佛陀入滅之理。接受周那供養之後，於路傍樹下小憩，敷衣而坐，佛陀的身體放出金色燦爛光輝。侍者阿難驚嘆問其故，佛陀答曰：如來得正等覺時，以及入滅捨此世時，佛身皆有如此的輝曜。為從其他方面述說入滅之圓滿，漢譯的《遊行經》插入大善見王的故事，亦即佛陀前生有六次作為大聖王，擁有一切財富，修所有功德，然皆為無常之所破壞。今生作為佛陀，終於得以圓滿脫離世苦，又饒益多人而入滅。最後佛曰：

> 在昔異時大善見王者，……即我是也，……我今已得脫一切苦，……我今最後生，最後有，最後身，最後形，得最後。

如是白言之後，佛陀徐徐步向沙羅林，最後在昔時大善見王都舊跡入滅。今日雖然無法知曉此段記載的確實程度，但從於此處插入此事看來，顯然是為給予佛徒慰藉──佛陀之入寂乃是最圓滿之死。要言之，此慰藉之感情，依如次的偈頌即可知之。

第四章　佛陀的入滅與佛身問題之端緒

　　佛生樓毘園，其道廣流布，還到本生處，永棄無常身。
　　於億千萬劫，求成無上道，解群生苦縛，究竟入寂滅。

　　此外，與大善見王的故事具有相同思想，述說佛之入滅是結束其圓滿的教化的，是魔王波旬勸佛入滅的故事。佛陀初成道，於樹下靜坐時，波旬來到佛面前，力述苦邊已盡之人，雖死無憾，勸說佛陀已可入滅。佛陀以教化未普，四眾教團未成，正法未揚，故非入滅之期退之。此後五十年，佛陀完成其一生之教化，創立宏大教團，即將入滅的前三個月，某日佛在遮波羅塔時，波旬再現，又勸說佛既已功成，故應速速入滅，佛陀遂以自知死期已近，將於三個月後入滅答之。此一故事，在《涅槃經》中出現二次，其他異本亦得以見之。對於此文之由來以及比較，溫第須已作過研究，故此處無須再贅述。雖然如此，但就佛滅後佛徒對於佛入滅的觀察看來，此中有二點需要注意。其一，是波旬的資格，此魔在佛陀成道之前，作為情欲之化現，意圖將佛陀

繫留於世欲。成道後，一度作為躊躇鬼，阻止佛陀將其教法宣布於世間。如今是作為催促佛陀入寂之鬼，幾乎純粹是以死鬼的身分出現。如今彼再次催促依從無常必滅之理而欲入滅的佛陀入滅。可以說幾乎是卡達卡的死神出現。在印度思想中，尤其是佛教，死鬼乃是無常之化現。若是如此，將佛的入滅視為無常必至而得慰藉的佛徒，提及死鬼之出現亦不足怪。雖然如此，但佛陀之死是必至，且是圓滿之最後，此如先前所揭。是故，佛陀思其圓滿之一生，於愛意三昧捨命。是故，佛陀的入滅並非只是單純的為無常所迫，可視為是其任意的決定。波旬勸死之說可說是從無常之必然與究竟圓滿等二方面而見此入滅。

　　如此的二方面的解釋或慰藉，就佛教的教理而言，是極為自然，又是與佛陀一生相應的見解。亦即佛陀成道初始所宣示的「生死永已除，不復受後生」的實現，即是無餘涅槃、大般涅槃。故於佛滅後，阿那律讚歎佛之入滅，視為此乃是入於本來之寂靜無為，「雜阿含」說為度苦岸之最後身，《佛般泥洹經》也說為所謂般泥洹乃是斷生死根之謂。聖者之死是大涅槃，入此者不再入於生死之境，此乃佛教原來之教，或以梵行之人再無後生說

第四章　佛陀的入滅與佛身問題之端緒

明之，認為成立之因緣消滅即是根本生死之絕滅，或說為苦本絕滅即是世間之最後，或說為又如斷頭之多羅樹，斷苦本之聖者不復受生等等其數甚多。畢竟而言，入滅是究竟入滅，對於佛陀之死的言說或讚詞，皆消極的說為無餘入滅或究竟寂滅。對照當時實狀而言，此實屬自然之數，今遭逢每日相見的師主之死，雖感其死之必然，又是圓滿之最後，然其音容不復尋，心中想念佛陀，或其現身已不能現前時，佛徒對於入滅的思想傾向於消極，也是必然之勢。

> 比丘！如庵婆果去其枝幹，與其枝幹相連的庵婆果脫離其枝幹，如是，如來之身斷除生之源。其身猶存之間，人天得以見之。若過此生命期限，其身既滅，人天不得見之。

雖然如此，但佛陀的入滅，絕非消滅。佛教之理想的涅槃並非完全是消極的觀念。佛陀之身入於彼岸，不復於此世受生，雖於此世泯滅不可見，然於彼岸則有永遠之生命，亦即不空之生。

現身佛與法身佛

　　為揭示此一觀念,佛教給予相當多的思辨。

　　世間常或無常,宇宙有限或無限,又身命有限或無限的疑問等等,皆與佛陀及一般聖者死後的生命有關,類此的疑問早已存在。

　　如來死後是有,或如來死後是無?世尊死後是有,
　或世尊死後是無?

　　如此的問題處處可見,而與此有關的答辯,對於在道行上,以除去世間煩惱為急務的佛徒而言,如此的疑問微不足道,乃是不可論議的有無之見。因此《箭喻經》將此等有無之見比喻為中箭後,不先療傷,卻用心於論議箭的構造以及射手是誰的愚見,《阿耨羅度經》貶稱此等為稚見、弄見,將對此的答覆說為無記,在《焰摩迦經》中,舍利弗破斥此等的惡邪見。此外,《清淨經》也稱此為邪見,《婆蹉經》視此為迷路、暗洞、荊棘、繫縛之見,認為此將妨礙解脫得道。

　　佛教沒有捲入於當時的哲學論爭漩渦中,而是著重於解脫之

第四章　佛陀的入滅與佛身問題之端緒

道行，故排斥如此的死後有無之見。佛在世時，依其人格感化，直接排斥此等之見，佛徒得以安立，但佛滅後，此一問題又成為切實的問題，從諸多經典載有此一問題看來，恐是佛滅後，此一問題又被提起。就佛教的教理而言，此一疑問並不是難題。佛教主張無我，我與我所只是五蘊之聚，是三事生染的結果，因此色身的生命並非本體常住，死是其最後。雖是如來亦無漏其數之理。此因其身軀乃是現實的肉體。而如此的有無之見，畢竟是誤將如此無常集散的色身視為我，或妄想為本體，思及我之有無，是齷齪於我之永續。一旦體悟無我無常之理，如此的有無之見絲毫不值得產生。不再有我，如來非色身，受想行識皆無其本體故，故無須議論有無。

　　認為死後有色身，即是迷，認為色身之外，無永遠的存在，也是錯誤。如來的色身是最後身，已無死後的存在。雖然如此，但此並非完全的消滅。何謂涅槃？此等問題與佛陀之入滅與安立，是大有關係的問題。第一，佛之神通力不滅。神通成就的勝者何故不能戰勝八十的老衰色身而永世不存。佛之入滅雖是必然，但佛徒對此仍迷於希求。《涅槃經》曾揭示如此的心理，

現身佛與法身佛

曰：

任何人若能完成四神通之跡，	諸有修四神足，多修，
於積集，行，築，確立，能圓滿之	習行，常念不忘，
人或如來，若意欲，	在意，所欲可得不
可得劫波或超越劫波之生存。	死，一劫有餘。

如來當然是如此神通具足之人。佛陀曾為阿難陀明言此事，當時阿難陀不能了解，其後如來宣示入滅，阿難陀求佛陀為利樂世間而長久住世，但如來予以拒絕。《遊行經》所揭之偈：「世尊應久住而今般涅槃」，亦即佛陀放棄久住之可能而欲入滅。據此看來，如來一劫生存之信仰正顯現出佛徒的失望，或如此的慰藉之語，雖嫌太過，然於此觀念中，實含蘊如來不滅之信仰，呈現出切實的宗教的要求。此因如後文所述，為取代佛的色身說法，佛陀指出於其滅後應以教法作為安立之地，又佛陀的感化於佛入滅後，顯然仍活躍在弟子信念中。如先前所述，相信如來而不動搖者可得不空之生命，佛陀是如實如如住於其信中，作為如來而存在。若是如此，如此的如來豈非不滅？如來的色身雖滅，然其

第四章　佛陀的入滅與佛身問題之端緒

菩提正覺不滅？或所謂入涅槃是完全的空無？

因此，首先有必要就原始佛教的涅槃稍作探究。依據可說是佛教之母的奧義書哲學，所謂解脫，是指歸入大我，入於日月星光皆不照，僅存作為一切光明之源的輝耀之境。此一思想又成為佛教的理想。

此中，水、土、火、風皆無固定之處，
此中星不閃，日亦不照，
此中，月不照，又不見暗。
寂者自知，依寂默而成為婆羅門，
如是，（彼）脫離有形者，無形者，以及樂與苦。

如此的理想完全無異於奧義書所揭的梵涅槃。佛教雖棄捨我見，然其所說的我，是指執著五欲的我。在涅槃中，並不是虛無寂滅之狀態，而此非現世之差別相，而是超越此差別相的光明，是依四禪而得的不動之我。若是如此，無我的涅槃一方面是一切斷滅之狀態，但另一方面，又是極為積極的理想。

勇猛的我，如耕牛安隱，	精進為廢荒，安隱而速進，
不退轉而行，行於此中，不復憂。	直往不退轉，得到無憂處。
如是，作耕作，得不死之果，	如是耕田者，逮得甘露果，
作此耕作離一切苦。	如是耕田者，不還受諸有。

　　到達安隱界而不復憂之說，幾乎是奧義書之常套語，又稱此境為最上界。而此最上界之語又被用於指稱佛教的涅槃。偈曰：

為到達涅槃而信聖法，	阿羅漢得信，行法得涅槃
求聞而得智慧，不放逸而通達。	……
……	
如是，由此世入於最上界而無憂。	

　　此等所述皆是佛徒修行之理想，其理想又被移用於佛陀，涅槃的理想既然是如此積極的以一定之最上界為目的，則佛陀正是入此最上安隱彼岸的人。有無的問題作為世諦的見地而被排斥，真正的彼岸是超越有無的最上的實在。是故，排斥有無之見的《婆磋經》，曾稱讚佛陀之不可量，曰：

第四章　佛陀的入滅與佛身問題之端緒

如來如大海之甚深不可量不可測。

故不適合說（如來）生存，也不適合說不生存。

如此的表示或稍嫌曖昧，但若對照其他言說，顯然佛徒認為彼岸乃是玄幽之實在。奧登堡教授認為如此消極的不予以明言的回答，是為避免俗人非難與失望，然此說甚為不當。甚深、不可測等語，如同祕密、陰蔽與內祕等，在當時的哲學中，是與最高常住永遠安隱同義，又是彼此有關聯之用語。此顯然是最上實在之義，已是最高的實在，因此顯然是超越時處的永遠。佛徒絕非甘於消極之理想。

如是，入滅的佛陀的實在永存被哲學性的思考，又借用神話揭示其觀念的痕跡不可掩。如次章所揭，其神話的材料大多與太陽有關聯，如同夕時顯現為阿耆尼，晨朝則顯現為密特拉的太陽，雖滅亦復再現，如此的太陽，其出沒歸著之處，即是諸神之本據，永遠的精神之思想被附著於佛陀的人格，乃是自然之勢。亦即如此的歸著之處是佛陀之本生處，從寂靜而來的佛陀還歸於其本處。因此佛陀如同太陽，是世界之光（世間之眼）。本生談

現身佛與法身佛

中，將晝夜出沒的太陽與佛陀作關聯，太陽是世界之光，是唯一之王，其出為晝，其沒為夜，其青色之普地光明常存，故應歸命之，與此相同的佛陀雖三世出沒，然其解脫菩提乃是智慧的行者之所歸敬，最後更揭出對諸佛與菩提之歸命。亦即菩提佛智之上，既然有佛日之出沒，自然產生於法身探求佛的常住本體的思想。

　　佛陀不違無常之理，且完成其圓滿之最後而入滅，其身已不復見。然此常住的本體存於何處？此要求成為佛陀滅後的佛教思想中心。而其結果是揭出菩提佛智（亦即法）是常住的佛身之思想。雖是如此，然其結果並非一朝一夕可抵達。此間的經過即是次章等所將研究的問題。

第五章　佛滅後，佛徒的歸依
以佛陀為師主的佛徒於佛滅後如何改變其安立根柢，又於何處求得歸依？

　　師主生存時，佛徒歸依現今生存的佛陀，以其感化及教訓作為安立中心。其說法訓諭被口口相傳，於布薩中所誦出者，固然是信仰與安立之所依，然其法是絕對覺者所說之法，因而被相信，亦即並無脫離佛陀人格感化之法。同此，佛教之教團及其戒律也作為佛徒道行目標，是其教之要，然其根柢實是佛陀的人格，一如今日所傳律典之所呈現，一切規定訓誡都是師主所制定，故佛徒的道行受其支配。所謂佛、法、僧的歸依，自轉法輪初始既已存在的傳說，雖難以直接相信，但佛在世時，此歸禮之事實顯然是佛教的信仰根基。佛徒之安立實不能否定應歸著於此

三者。雖然如此,但三者之中心,無庸贅言,是在於佛陀的人格,此依先前所論即可知之。「增一阿含」卷十二曰:

> 諸有眾生……如來於中最尊,最上,無能及者,諸有眾生承事佛。
> 有漏無漏,有為無為,無欲無染,滅盡涅槃。然涅槃法,於諸法中,最上,最尊,無能及者,諸有眾生承事法。
> 大眾大聚有形之類,眾生之事,如來眾僧於此眾中最尊,最上,無能及者,諸有眾生承事聖眾。

三者的歸著皆在於如來。S. Nip. 所載幾乎與此相同,無染涅槃之法是釋迦牟尼所抵達,清淨禪定之法是諸法之所讚歎,故應歸依之;聖僧伽奉持瞿曇之戒而得不死,其淨見淨行是等正覺所給予,故應歸依之,顯然是將歸依之基本歸諸佛陀。先前所揭的「正信於如來」之偈亦不外於此義。

雖然如此,但佛陀的人格所以成為如此的信仰歸著,實出自

第五章　佛滅後，佛徒的歸依

於現實具象的佛陀擁有人類的色身，行住坐臥現於眾僧之前。若是如此，此現實的佛陀入滅，其行動音容不復可見時，歸依的目的多少產生變化。雖然如此，但佛滅後未久，對師主的記憶猶新時，歸命佛陀多少還具現實的意義。「長阿含」的《弊宿經》記載一婆羅門欲入佛門，由於佛已入滅，故表示欲直接歸敬迦葉尊者，當時迦葉所回答的，正呈現此一狀態，迦葉曰：

　　如來滅度，今即歸依滅度如來及聖眾。

雖是歸命滅度佛陀，但並非直接的感化，而是以追想或想像歸命如來。對於未曾親炙佛陀的新教徒而言，更是如此。佛滅後不久的新教徒意欲歸命如來，遠行千里百里希望得見如來，然如來今已不存，遭逢此情況者甚多。

| 誠然若得見世尊，我則欲聞之，十由旬，二十由旬，三十由旬……百由旬……千由旬……，我欲前往，為見世尊、聖等覺……。 | 若如來在世者，我即可百千由旬往問訊之， |

79

現身佛與法身佛

| 然世尊今已入滅，我今歸依入滅世尊、法及比丘僧眾。 | 彼如來雖取涅槃，我今重歸作禮及佛法僧。 |

其情落寞乃是自然之勢。總的說來，歸命滅度的如來有別於歸命生存的現實的佛陀。雖然如此，但佛入滅後未久時，此落寞之情只留存於一般佛弟子對於佛陀的記憶中，尚未及於形而上的追求如來的本體而欲歸命之。雖然如此，但此落寞之情終究不得不浮現於其意識。佛陀亦知自己滅後此一狀態乃是不可免，因此意欲給予得以取代自己的安慰與歸依目標。據《涅槃經》所載，對於阿難陀的悲嘆，佛陀曰：

| 阿難陀！比丘僧伽於我欲何待？
阿難！我所說法無內無外（，是完全的揭示）。
……是故，阿難陀！
比丘應以己為燈明，以己為歸依，不以他為歸依，應以法為燈明，以法為歸依，不以他為歸依而住。 | 阿難眾僧於我有所須耶，
我所說法內外已訖，……
……是故阿難，
當自熾燃，熾燃於法，勿他熾燃，當自歸依，歸依於法，勿他歸依。 |

第五章　佛滅後，佛徒的歸依

同時，佛陀指出自己率眾，但未必是教團之中心，此乃是經文之所明載。如此看來，作為絕對之覺者、天人師的佛陀所言，似乎不具自信，又過於謙遜，但佛陀實是擔心其弟子因失去現實的師主而迷於道途，又為使其弟子不拘泥於現實的色身師主，因此教誡應以歸依自己以及法作為取代，以此作為道行之燈明。而所謂的「自己及法」，一言以蔽之，是指不放逸，自攝意，自律自依，精勵於道行，而其自律梵行之標準，完全在於應依憑佛陀所悟的真理之法。是故，佛陀入滅之前，特地說明自歸依、法歸依的內容，曰：

阿難陀！比丘觀察己身，勤勉，注心盡意，制御於世間中，由內所生之憂，於感覺之中⋯⋯心中⋯⋯諸法之中，觀察諸法，⋯⋯應制御由內所生之憂。	阿難，比丘觀內身，精勤無懈怠，憶念不忘，除世貪憂，觀外身，觀內外身，⋯⋯受意法觀，亦復如是。
應以己為燈明⋯⋯以法為燈明⋯⋯。 阿難陀！若余逝後，以己為燈明，⋯⋯以法為燈明，以法為歸依，	是謂阿難自熾燃熾燃於法，⋯⋯佛告阿難，吾滅度後能有修此法者，則為真我弟子第一學者。

> 不以他為歸依而住者，乃是余最上弟子，是於修行有意者。

此一教訓在佛徒腦中留下深刻印象，「雜阿含」卷二十四對於大弟子之入滅，揭示涅槃之義，進而關於佛滅後之教訓，述曰：

> 如來不久亦當過去，是故阿難當作自洲而自依，當作法洲，而法依，當作不異洲不異依，……若比丘身身觀念處，精勤方便，正智正念，調伏世間貪憂，如是內外身受心法法觀念處，……是名自洲以自依，法洲以法依，不異洲不異依。

此一教訓乃是佛陀入滅前之重大訓誡，亦即其平生最為重要之訓誡，「中阿含」的《世間經》載有住心禪定與自作燈明之說，A. N. 的第三品對於說法者與聞法者皆能到達正義與證悟政法之所以，指出是因於佛陀的自覺，以及弟子自依、法依之覺

第五章　佛滅後，佛徒的歸依

悟。其第五品對於聞取正法而有能住之者以及不能住之者的區別，指出得入其正法者的資格完全基於法依與自依。其文曰：

> 不輕教訓，不輕教師，不輕自己，以不散亂心聞法，心集中於一處，誠表敬意。
> 不輕教訓……，不動搖，不盲聲可得智慧，無不知而自覺有知。
> 不自蔽，不生蒙蔽而聞法，心無喧擾亂。
> 又不求過誤而聞法，入法之範圍而心不激，離固陋，不動搖……自覺有知。
> 得此五法的人於善法中，正能履道，是能聞正法之人。

聞法與攝意不放逸此二者常是相輔相助。「增一阿含」卷二十二指出滅三痛在於法燈明、自燈明，卷四十三指出應宣揚不觸犯國界的教法，宣揚教法須以自燈明法燈明為基礎，修此者即是盡佛徒本分，才不違背身為佛子。此外，D. N. 的《輪王經》對

於法燈明與內外身觀，所述同於《涅槃經》，指出此乃遠離魔的嬈亂之所以，S. N. 的《自燈經》以此為解脫五蘊之因，「雜阿含」將見法、知法、得法、入法視為真信無畏。若是如此，此教誡既是佛陀平素的教訓，又是滅後遺囑。對於滅後的弟子而言，此一教訓可以取代現實之師主。

自燈明之根柢在於不放逸，此如前所述。《涅槃經》中，作為佛陀最後之言而傳述者，頗能呈現此意，此外，關於不放逸的內容，如諸經所揭。所謂不放逸，即是於己之中，發揮發揚自己的光明，亦即以己為燈明，以自己為歸依的修行根基，實與奧義書思想將於己之中，以己之力，實現自己，以己為光明視為即是與梵合一涅槃的狀態無異。自燈明的理想是以梵涅槃為理想的自然結果，涅槃乃是佛陀的人格之所體現。亦即佛陀是將奧義書哲學所發揮所涵養的梵涅槃的知見於事實中予以證現，其知見即顯現於教法，顯現於可說是真理的佛陀之法。若是如此，自燈明又是法燈明，其法之歸著必須求諸佛陀師主。奧義書哲學於認為梵知見是自光明之外，又認為此須待他人或聖人教示，而於自己之中發見。佛教雖完成奧義書此一方面的理想，佛陀於自燈明、法

第五章　佛滅後，佛徒的歸依

燈明的遺訓中，揭示之，但佛陀滅後，可取代其感化的自燈明之教，則是依佛陀所揭示的實例而引導教徒，故雖稱為法歸依，但具象的，作為對於佛陀一生的說法與教團戒律的信仰與尊崇，乃是佛徒安立之基本。因此，基於佛陀之自覺，其四法成就之菩提即是真理，亦即宇宙人生究竟根柢的意識出現於佛徒之間時，真理的法、法之體現者的佛陀的人格、其所說的教法此三者被視為一致不二，由此產生法身常住之觀念。作為至此之途徑，從師主滅後，佛徒尋求取代師主之歸依的發展看來，大致有如次三種：

一、將佛陀的說法及其記錄視為教法本質。

二、崇拜佛陀之遺物遺跡而活化其人格。

三、希求及設定佛陀再現或未來佛出現。

此三項的傾向雖須分別予以觀察，但此等的信仰、希求以及考察實是相輔相合而產生及發展。又由此等具象的信仰發展成法身的形而上的信仰乃至其信仰成熟，其間幾經迂迴。雖然如此，但與現實的佛陀接觸的佛弟子，以及與此等接觸的眾人，並沒有明顯意識到佛陀人格的形而上的意義，而是諸方面的嘗試才漸次發揮其究竟的意義。更且於法身的觀念清楚之後，此等具象的信

現身佛與法身佛

仰仍未滅去,在高遠談理的大乘經典中,仍述及現實佛陀的歷史,常住的法身與色壽八十的佛陀並存而立。任何時代或任何宗教中,一般人民的具象希求、哲人的哲學考察以及真人融合的神祕信仰一直是彼此交涉又併存,此乃必然之勢。就佛教此間的歷史而言,一般的信仰皆拘泥於現實,而奧義書以來所涵養的觀念主義的哲學思想,是揭出教法的形而上的根柢,淨信之人則是自己經驗如來所體現,於其中觀察佛與法的融合一致。但直至考察及信仰的形而上的意義十分成熟呈現於表面之前,實由具象的通俗的信仰佔有勢力。是故,暫稱此間的歷史為迂路。

此迂路的經過可從佛滅後其經典被編輯,漸次具有一定形態,尤其從滅後百年毘舍離的會議前後,從教權思想興起時,阿育王前後,遺跡遺物的崇拜趨於隆盛的一、二世紀間的大勢見之。

第一,佛陀入滅前的遺訓是應以己為燈明以及應以法為歸依。此處所說的「法」,對於佛陀本身或已證道者,是指自覺自證之菩提,是指心內經驗的涅槃道。但就一般人而言,法是自己以外的目標,是佛陀遺誡之教法。在世的佛陀是菩提之呈現,佛

第五章　佛滅後，佛徒的歸依

滅後以其教法作為菩提之代表，就自覺自證之道行而言，此乃是不得已之途徑。因此，佛陀曾如此告知阿難：

> 我以此法自身作證成最正覺，謂四念處、四意斷、……八聖道。

從修行道的方面揭示法，又於他處如次述說：

阿難陀！汝等之中有如是思惟者，師之言說已逝，我等之師已不在。然阿難陀！不可持此見。我所宣說之法與律，應令知之。於我滅後，此乃汝等之師。	當自檢心，阿難！汝謂佛滅度後無復覆護，失所恃耶？勿造斯觀，我成佛來所說經戒，即是汝護，是汝所持。

　　亦即佛陀是諸法之主，法是聖者所說，故應歸依之。「中阿含」揭出正法律的八未曾有，指出此等皆是佛陀所說之法與戒律之感化力。若是如此，佛所說之法與戒制的保存與傳承自然是佛滅後之要事。因此隨處可見此一方面的記載：

87

現身佛與法身佛

舍利弗堪稱正語者， （彼）乃世尊之真子，從其口所生， 從法所生，是法所育（之子），是法 之繼承者，而非欲之繼承者。比丘！ 舍利弗如是轉如來所轉之最上法輪。	汝等輩！ 是我真子，從口而生法，法 所化，汝當教化轉相教詞。 ……舍利子，我所轉法輪 汝亦能轉。

　　此中所謂的法之相續者，自然是指傳承教理者。相較於他傳的比擬為轉輪王子之相繼，在「增一阿含」卷四十八中，佛陀如次囑咐阿難：

　　　　我今乃是無上法王，我今遺此無上善法，殷勤囑累
　　　　汝，……我前後所說法，盡囑累汝。

如是言及尊重與傳承佛之遺法，但其中並沒有明白指出距佛滅不久者應有文字典籍之傳承或依此誦讀與受持。M. N. 的《婆蹉經》曰：

　　　　以語傳述者，應從我所說法如實傳述！

第五章　佛滅後，佛徒的歸依

《涅槃經》揭出四大教法，明顯注意到如來所說之法與戒的傳承與保存，且指出應誦其句及音，但沒有提及一定的典籍。其同本的《遊行經》雖提及「經」一字，但此未必是典籍之義。所謂第一結集的真相難以完全確定，故此恐是指布薩時，所合誦之偈文。如此的傳承，漸次成為一定的口傳，依據等同編輯的成果，漸漸獲得一定的順序與形式。尤其毘舍離的論爭顯然給予傳承一定的刺激。《涅槃經》對於法與律的傳承正否給予非常綿密的注意，但並無一定的編輯痕跡，他本在此一方面所述特別清楚，指出經與戒不許增減，且依是否存於結經而判定正否，藉此分別是佛經與否，巴利傳以及《遊行經》指出應持法與律，一如佛陀在世，《佛般泥洹經》則將誦讀經文視為無為之道，又作為有求壽生天的功德而揭出佛之告敕：

> 吾泥洹後，轉相承覩經奉戒，……尋後思念，吾世有佛，有妙經典。

同此的「雜阿含」卷十三謂世尊之法應歸著於經，「增一阿含」

卷四十八謂誦持十二部經，能解其義，且不違其教是為到達涅槃之道，「長阿含」的《清淨經》將法熾燃解釋為在於善受持稱量廣演分布十二部經等，凡此皆代表結集與傳承之思想。如此的傾向常見於漢譯經典。例如《遊行經》的佛證法分（巴利傳不存）中，是以十二部經為法。此等漢譯所傳雖異於巴利傳，但巴利傳中，以九部經之名目尊重傳承結經的傾向業已十分明顯。亦即作為先前正法聞取之例所揭的 A. N. 第五品的《正法經》指出次於正法聞取的典籍傳承，其一百五十五經揭出與第六品的五十一經相同的九部經之名目，且稱此為正法之第一基礎，第五品的一百五十四經指出應通習學習九部經第一法，一百五十六及一百五十七經指出應誦讀法與律（亦即經與律）與本母（亦即論），且應通曉文句，獎勵多聞與傳承。所謂的正法思想是指經典，據此得以窺見。後文所揭的「過去佛法滅，然我法永存」中的「法」，不外於此意義之法。法成為佛所說法之結集，亦即經典之傳承，如是，取代師主，「法」成為佛徒之所歸依。

佛教尊重經文的此一特徵留存於後世。而其發端是佛陀人格的感化與現實的崇拜之淡化，於其遺法中求其代償，從眼前所傳

第五章　佛滅後，佛徒的歸依

承的經文尋求法之歸依。尊重傳承自然成為尊重相承之教權，從而教團內的教權統一也成為必要。作為尊重經典相伴的一種現象，此下將就此觀之。

　　教團（亦即僧伽）是和合的團體，其和合的道行與法都是佛教要事。佛在世時，和合的教團作為擁有同一理想，修同一道行的團體，其團眾一致擁戴作為其中心的師主佛陀。是故，教團並無所謂的傳承，從而亦無傳承教權之事，只是實行其團眾平等之理想。《涅槃經》記載阿闍世王的大臣雨勢問佛有關討伐跋耆之事，作為回答，佛提出彼等的和合七事，進而對於教團四眾之和合，也提出相同七事。而此七事皆是和合的道行，其中並沒有教權之觀念。佛滅後不久，大臣雨勢再問阿難同樣之事時，阿難的回答是，完全沒有得以取代師主，能與佛陀同位，成為教團和合中心之比丘，佛徒今之所依，並不是依人，而是依法，是相集而誦法。雨勢進而問教團和合的結合力，阿難以「佛滅後，教團首領比丘應具十事之德，其中包含廣聞記憶等」答之。此經在其他方面，極力描述當時之實狀，就此可以窺見佛徒顯然已有漸次重視教法傳承與博聞的傾向。此外，佛陀入滅前，教誡弟子少小戒

律可捨，應依大節而彼此和合，應敬順長老，在 M. N. 中，佛陀裁決弟子之爭時，曾指出和合、無諍與一致之必要，諸經皆揭出共同歡喜、同一乳味與同一和合之訓誡，又如「中阿含」的《瞻波經》所揭的清淨和合之偈，都是崇尚精神的團結，將奉持同一教法，其間不可夾雜異論視為必要。

進而經文獲得一定的結集，且被論及字句之差異時，尤其是毘舍離爭論以後，教團的傳承獲得一定的教權，其長老不只是道行的長老而已，更成為教權之把持者，有此趨勢，也是難免。但有關此教權發展的材料不全，只能揭出若干具有如此傾向的材料於此。如同《清淨經》所載，「中阿含」的《周那經》揭出周那見尼揵師入滅後，其弟子分裂相諍，故以此事白佛，亟欲佛教無有此事，佛遂揭示同一水乳同一和合之教敕。佛之所言，大致上是基於寬容和合之精神，而制止分諍的六慰法大抵是可增進教團親愛和樂的平等和合的守則。但作為七止諍法之所列舉的，不只是由教團長老裁斷調停弟子所爭議之法，更且在教團已見分立的情況下，規定是由其教派長老上尊或宗主裁爭，或接受比丘懺悔而給予裁可。如是，分派或孤立教團的長老上座漸次成為下屬，

第五章　佛滅後，佛徒的歸依

而長老則作為宗主，掌握正統教權。如同《清淨經》，此《周那經》所載的以防止分裂，亦即以防止相承的差異為目的之記事，都呈現出其正統相承之觀念。但《周那經》更有《清淨經》所不得見的教權宗主之記載。據此可知二經成立之間，時勢竟有如此迅速的變化。同此，在漢譯的「阿含經」中，被稱為長老，被稱為上座的，只是數處，但巴利傳中，頻繁出現「上座」此一名稱。此亦顯示巴利傳屬於上座正統勢力較強的傳承。

總的說來，上座所以成為教權之把持者，是因於正法傳承與教團統一有其必要，毘舍離會議之後，直至阿育王時代的數十年或百年之間，此一傾向大為發展與確立。是故，「雜阿含」卷三十六揭出尊者婆耆舍於諸上座之前，出聲讚歎佛德，進而又讚歎上座曰：

上座諸比丘，……出一切見處，清淨無瑕穢，是故
稽首禮。

後世諸阿毘達磨及毘婆娑的編者於卷首歸敬佛陀之外，也歸敬上

座的風習顯然出自於此，由此可見上座的教權與教法都是歸依的目標。如此的教權發達以及厭惡分諍異議之情強烈，也是自然之勢，《清淨經》與《周那經》可說是代表此一傾向之典範。但就全體而言，佛教的教權之發達，仍不如基督教初期三、四百年間的明確又鞏固。因與尊重經典有關，故略記如上。

第二，遺物遺跡的崇拜是為歸命既已滅度的世尊，亦即是為追慕及紀念，因而尊重與其人相關的遺物與遺跡。此類的崇拜中，最為重要的，是遺骨崇拜，《涅槃經》卷末載有佛滅後佛骨八分而分別奉祀的記事。此類奉祀在阿育王時代甚為隆盛，此徵於今日尚存的當時建築、彫刻、銘文，即可知之。有關此等建築材料的研究暫且置之，此處將從典籍中探求如此崇拜之跡。

塔婆的建築及崇拜是佛教極為顯著的特徵，此乃為表彰佛陀遺跡，為追慕其功德，或欲將遺物遺骨蓄於其中，用以崇拜而建。然其崇拜不只是基於追慕紀念，其中亦含有信其功德乃生天福德之因的信仰。

塔婆建築主要是表現於四所崇拜。《涅槃經》曰：

第五章　佛滅後，佛徒的歸依

> 有信族姓子發見可追憶之處，此處乃如來出生（地點）。此處乃如來證無上正覺……。此處乃如來轉無上法輪……。此處乃如來入於無餘涅槃界……。族姓男女念佛生時功德如是，佛得道時神力如是，轉法輪時度人如是，臨度時遺法如是，各詣其處遊行，行敬諸塔寺。

如同遺跡，為安置遺骨遺物，也建築同樣的塔婆，藉以巡禮之，同時也規定何等人堪受如此的造塔尊敬，佛陀當然位居其首，此外，漏盡之人、高德之人與聖王皆在其列，由此產生所謂四種人應得起塔之規定。因此，長老上座之遺骨與佛陀的遺骨都被奉祀於塔婆之中。山崎所發見的舍利弗、目犍連與末田地的遺骨發見，即因於此。

塔婆崇拜原是作為入滅的佛陀的代償而起，但民間所行的，大多是為修福生天而建。「增一阿含」卷十三載有佛陀列舉其前生曾為地主、大王時的善事功德，亦即曾有為舍利（亦即遺骨）建寺、供養舍利與盛營神事等福德因緣。「增一阿含」卷二十一揭出四梵福，亦即和合聖眾、轉法輪聞法之外，又有築造塔婆以及補治故寺等，卷二十八載有五王建神寺之功德，凡此，都是此

現身佛與法身佛

類的信仰。《涅槃經》於稱讚造林植樹等功德之外，又添加起塔立精舍之功德。此外，「雜阿含」所記載的阿育王建立八萬四千塔，無論其事實如何，仍足以窺見當時的流行狀況。

此外，關於遺物及佛像，《涅槃經》記載佛入滅之前，首先是佛衣綻放金色，據此亦足以窺見遺物崇拜之端緒。為如此的遺跡遺物等盛建塔寺，同時作為塔寺之裝飾而彫刻人物等，進而塑造佛像，由此而產生佛像崇拜。就今日現存的實物看來，阿育王時代及其後二、三百年的塔寺中，作為佛陀之代表的，只是法輪、神樹等，尚無佛像出現。佛像最古的，是巴基窟中，殘留在柱面的畫像，其年代難以確定，但無論是此柱畫，或阿羌達最古的柱畫都只是作為裝飾，其中央仍是安置塔婆作為本尊。佛像的崇拜應始自於西北印度的希臘彫刻。就典籍而言，「增一阿含」卷二十四提及佛像令人生歡喜，卷二十八載有五王以牛頭栴檀作佛像之記事。又指出其功德乃是生天不可量，據此看來，其崇拜應是出自修福。

遺物與事件之紀念崇拜兼具的，是菩提樹的崇拜，此樹之崇拜是否與佛之成道有關，不得而知，然其起源相當古，至少阿育

96

第五章　佛滅後，佛徒的歸依

王以前既已存在，巴爾赫特的彫刻中，已可見之，山崎也頗為明顯。就典籍而言，可見於《阿育傳》等。但此一崇拜與其他植物之崇拜具有何等關係，今且略過不論。

　　第三，遺物遺跡的崇拜皆以死物為對象，而經典也難以完全滿足人心。因此產生希求佛陀再現或新佛出現的信仰。此信仰是佛日沉淪之後，希求佛日再現，相信太陽世間眼並沒有與死亡同滅，在有關佛陀入滅的傳說中，已可見其萌芽。據《涅槃經》所載，佛入滅時，大迦葉沒有隨侍在側，爾後彼從波婆國歸來，哀嘆佛身已置入棺槨中，故懇求能再見佛身，為此，佛從棺中伸出其雙足。而大乘的「涅槃經」所記載的是，此時佛陀現其金色身說法，從中可見此一傳說之布演。然此所傳述的，只是佛入滅後不久再現，並非其後出現的佛陀再現之信仰。如先前所述，佛教認為漏盡之人不再受生，故難以相信佛陀將再三出現，從而不曾產生如同基督教所說的「再現」之信仰。而後世所產生的三身或常住的佛陀方便示現的觀念也尚未成熟。但希求佛陀再現之情不曾停止。因此，相較於希望釋迦佛再現，更希望新佛於未來出現。「增一阿含」所言及的一佛出世，一切人民可得幸福，亦即

並沒有限定為只是釋迦佛出現，而是及於一般的佛陀出現，此即是三世諸佛的信仰之呈現。又佛於說法時，常言及過去佛，據此而言，其信仰伴隨將來佛之信仰乃是自然之勢，此中即有三世諸佛出現的信仰。

此等信仰產生於何時以及如何產生，難以完全確定，然伴隨其發展，又產生三世諸佛之信仰，產生諸佛與轉輪聖王同時出現之信仰，乃至產生名為「慈氏」的未來佛將與轉輪王同時出現的信仰。漢特與路易士戴維斯認為轉輪王的傳說實產生自阿育統一海內以及護持佛教的歷史事實，但阿育王的時代異於佛陀，因此很難認定佛與轉輪王同時出現的傳說是由此產生。更且轉輪王的七寶實與阿育王無關，而是較為近似毘濕笯神的傳說，因此若認為從毘濕笯轉其輪而成為三界之主的神話轉成轉輪王的傳說應較為恰當。又，聖人反覆出現而天下太平之說乃是敘事詩的信仰，而此亦有助於未來佛出現的信仰，也由此形成毘濕笯化現的傳說。總的說來，在佛教中，轉輪王與佛陀的關係甚為密切，如同轉輪王擁有七寶，佛亦成就七覺分，二者都有四未曾有法，具三十二相，不只如此，更有如此之人若是在家，則成轉輪王；若出

第五章　佛滅後，佛徒的歸依

家，則成佛陀之說。「釋迦傳」也採此一傳說，亦即佛誕生時，相師曾作此預言。若是如此，顯然此二者自始就有不可分離的關係，此二者被視為將同時出現或是同一人。

二者具有如此的關係，且未來佛的出現成為佛教的信仰，如此自然產生二者於將來的何時，以及以何名出現的問題。而毘濕笯神話又被採用於解釋此一問題。亦即毘濕笯其右手所攜能制御天下的螺（亦即壤伽），成為其王之名，而與毘濕笯成為一體的太陽神其「密特拉」之名也被轉為未來佛慈氏（亦即彌勒）之名。其出現的時代，或於人壽八萬歲時，二者同時出現；或於將來久遠的時代，其國名為雞頭國。此外，或是人壽八萬歲時，有壤伽王出現；或是彌勒佛於此後三十劫出現；或其出現之時不定等等，都是希望此一傳說漸次成為事實的痕跡，尤其如「增一阿含」所載，佛陀命令迦葉入雞頭山中，等待彌勒出現，其預期與希望之迫切，據此可見。

此外，轉輪王是佛陀前生的信仰雖與未來佛無直接關係，但仍有足以顯示二者關係的記載。大善見王是佛陀前生的傳說以及轉輪王頂生是佛的前身之傳說即此。此頂生是毘濕笯的屬性之

一,由此可知此一傳說出自毘濕笯神話。

　　如是,未來佛出現的希望成為希求與預期,最後遂產生相信於壤伽聖王時,有彌勒佛出現等有關其一生的預言,彼將於預期中實現。如此的信仰雖然只是神話,但據此將佛的人格神話化,將現世出現的歷史的佛陀理想化,期望過現未三世皆有佛出現。而如此的信仰對於佛陀常住法身的意識給予刺激或成為其材料。

第六章　佛陀人格的譬喻性的述說與佛傳的神話化

佛徒如何將佛陀的人格轉化成超越凡人的神人

　　佛陀的人格因與轉輪王結合，遂近似神話，而三世諸佛的觀念致使歷史的現實的佛陀成為神話的，又是普遍性的。然而若就其神話化的途徑看來，佛陀初始並非神話性的人物，首先只是其人格的譬喻性的述說，爾後神話的屬性才逐漸顯著。此因其譬喻大抵出自一般所知的古神話。如是，佛傳與古神話相結合，由此產生諸多譬喻或讚歎之偈頌，而有關佛陀再現或前生的傳說更使佛陀的歷史人格脫離現實，成為神話性的，如同佛教的哲學是基於奧義書思想，其神話也是由古傳與傳說組織而成。其神話化到達何等程度，從《本行集經》等所載，得以見之，更且已有協那

現身佛與法身佛

爾等的研究,故此處略過不論,今僅就其始源與材料稍作探究。

有關佛德譬喻的讚歎,首先可揭出的,是水中蓮華喻,如先前所述,佛陀將不為現世煩惱及人間繫縛所染者,比喻為水中蓮華出泥而不為泥所染。此一譬喻見於古奧義書,爾後被用於三十二相中之第十一相——大人肌皮塵水不著。但此譬喻沒有發展成為神話化材料。

其次得以觀察的,是醫王喻。第一是拔眾生煩惱毒箭的醫王,第二是開眾生無明之眼,療癒一切病的無上醫王。前者稱為拔箭喻,載於的《婆耆舍經》(巴利本不得見之),後者則處處可見。「增一阿含」卷四十六的《旋羅經》曰:

> 如僂者得伸,盲者得眼,目冥者得見,沙門瞿曇亦復如是,⋯⋯與我等說法。

此顯然出自吠陀的天醫阿熙溫,亦即能令盲者得見之神,以阿熙溫施惠人間之力呈現佛陀的感化。此等大多是作為譬喻流傳,將佛神話化的情況,僅見於爾後的藥師如來。而《金光明經》所揭

第六章　佛陀人格的譬喻性的述說與佛傳的神話化

的金皷,則出自阿熙溫的金色旗皷。

　　如同佛陀近似作為天醫的阿熙溫,在破除眾生長夜之暗的方面,也類似光明神的阿熙溫,因此光明耀眼的太陽也適合用於述說佛陀人格。有關此一方面,先前已一再述及,然今再略作一述。「雜阿含」卷四十五揭出佛斷一切癡與破除心盲之德,其所揭的「圓照神通眼光明顯四眾,明目如佛者慧光照一切」,乃是諸喻中,最為簡單的。進而將佛陀讚歎為光明日月,具象的認為佛身為金色。吠陀神話中,英雄之神毘濕笯、沙毘達爾、阿熙溫是天上的光明,又是世間之勇者,同此,佛陀的智慧與光明兩者是常相關聯。

祭祀以火祀為首,沙毘多利是歌詞之首, 王是人類之首,海是諸流之首, 月是諸星宿之首, 日是輝耀者,照耀有生物的下者之上首, 正覺者是天世界宣示者之最。	祭祀火為上,諷誦詩為上, (人中王為上),眾流海為上, 星中月為上, 光明日為上,…… 天及世間人,唯佛為最上。

　　此外,S. N. 述及如同日月燈光,佛陀乃是世間無上之光,

103

又提出月喻，謂佛光能照暗夜等等，皆是譬喻。在任何國家中，其譬喻、屬性、構想與事實都容易被混淆，譬喻中，含有諸多的事實。尤其喜歡幻想的印度人更有此傾向，將佛陀之德比擬為日月的佛徒，又認為佛陀確實擁有金色身，譬喻一轉成為實在，佛陀的人格遂成為相當神話性的。或說佛身如金山金樓的光明徹照，或讚歎其千幅輪，或說其顏色巍巍如大山，其三十二相遠被四方。雖然如此，尚未將佛陀視為日神：

非日非不日，而放千種光……圓光金光體，今日自歸命，尊今是日王。

「雜阿含」在讚佛時，則是比擬為毘濕笯等，顯然在譬喻之中，將佛德與古神話相結合。如此的結合呈現在佛的三十二相中，神人的性質作為佛陀的屬性而被一般所承認。依據凱倫所述，「天文書」中有類似三十二相之記事，但此等自古實是作為神人或偉人之相而流傳，大敘事詩中，拿拉達會見拿拉與亞那二仙時，其中所述說的大人相近似佛教的三十二相。如此的大人相

第六章　佛陀人格的譬喻性的述說與佛傳的神話化

是將民間的傳說，一方面編入於敘事詩中，另一方面則附屬於佛傳。今將漢譯「中阿含」所揭的順序附上數字，互作對照如次：

較勝於以光輝照耀一切世間的太陽，	（十七）身黃金色如紫摩金，
具有吉祥尊之相，頭戴螺髮，	（十一）一孔一毛如妡青如螺右旋，
足與手皆有羅網，	（八）手足網縵猶如雁王，
兩足有輪相（的彼等二人）。	（二）足下生輪，輪有千幅，
胸廣，	（二十二）兩肩上連通，頸平滿，
腕長，	（十六）申手以摩其膝，
如是，陰球有四，	（十三）陰藏猶良馬王，
有六十齒與八牙。	（廿三）四十齒（廿四）牙平、齒不疏、齒白，
如雲流之音聲，	（廿六）梵音可愛，其聲猶如伽羅頻伽，
顏貌甚佳，額廣，	（十四）身形圓好……上下圓相稱，
瞼美，腭與鼻皆美，	（廿九）承淚處猶牛王，（廿）師子頰車，
無蔽的似神之頂，	（卅一）頂有肉髻，團圓相稱，
有如此之相者，適合作為偉人。	沙門瞿曇成就三十二大人相。

105

現身佛與法身佛

　　固然非十分類似，但就述說大人相的目的與意趣而言，二者頗為一致，由此顯示二者有密切關係。在言及陰藏時，二者雖然有別，但依此前所揭出的數項大人相，即可看出兩者的關聯，並非偶然。如是，三十二的大半幾乎可見於此中，而此中所無的其他手足之相也可攝入，此外，又有其他諸項。肌皮柔軟、廣長舌與毛孔青色也可見於敘事詩中，而此乃是大自在天的屬性。青色相見於毘濕笯自稱紺髮之處，而此於吠陀的讚誦中，又是太陽神沙毘達爾的屬性。廣長舌原是胡利哈斯帕提的屬性，在吠陀中，此神以其妙舌掩蔽三界，且擁有清亮之聲，其聲具有神力。此胡利哈斯帕提又作為語言之神，與女神瓦姬有關聯，與沙拉斯瓦提同性，故被說為沙拉斯瓦提舌，而此同於佛之廣長舌，是偉大與信實之義。佛陀於廣長舌之外，又具有八音，堪稱梵音可愛，然此亦承繼自此一神話。

　　佛身金色，此如前所述，而此乃諸神屬性，而與醫王有關，與佛陀有關的阿熙溫，常以金色著稱，而蘇盧亞則以光輝著稱，此固然無庸贅言。爾後敘事詩稱大自在天為金眼。因此，將此等神話的屬性附於佛身，也是自然之數。

106

第六章　佛陀人格的譬喻性的述說與佛傳的神話化

　　肌皮柔軟與水中蓮華之喻同義，此如前所述。千輻輪是毘濕笯之足輪，轉法輪的觀念也不脫離毘濕笯的威力以及轉輪王四海統一之說，而蘇盧亞也有「轉轉」之名。眉間白毫亦與毘濕笯胸上二印相似。庫恩認為此乃太陽運行之表象。

　　三十二相之外，另有所謂的八十種好，然此處不欲就此一一述及。但八十種好之一的佛陀如鷲行之說，恰如蘇盧亞的如鳥又如隼。此等材料亦出自古神話。

　　要言之，佛德譬喻性的讚歎以及佛傳的神話化，其材料是取自古神話與民間傳說，是將逝去的佛陀的偉大人格神化，給予具象的，又通俗的寫象所致。如此的譬喻性的述說在所謂的大乘佛典中，大為發展，然其大體實無異於此三十二相等之所述，例如蓮華喻、月喻等，皆完全予以保留。《金光明經》所讚歎的諸相皆見於所謂的小乘教典中。大乘小乘並無區別，如此的以神話性的神人取代曾經在世的現實的佛陀，是因於希求不滅的佛身永存，是出自欲闡明其觀念的無知的衝動，故從中尋求具象的神人之相好。譬喻與事實既已相混，既已相信佛身是如此的金色，是如此的超越世相，自然發展出佛身不為世間毒害所害的觀念，更

現身佛與法身佛

且既然如同轉輪聖王，佛乃時時出現於世，且具有不滅金光的妙好身的信仰必然產生。而如此的信仰多少也與現實的佛身有關，如同其精神不為世間紛紛所動，其身亦不為諸害所犯。「雜阿含」曰：

空家而修行之人，	猶如空宅舍，
是（以心）自制之寂者，	牟尼心寂靜，
彼自空而行於其處，	於中而旋轉，
作為如此之人，應禮敬之。	佛身亦如是。
遊行多，故多畏，	
蠅類多，蛇類多，	無量凶惡龍，蚊虻蠅蚤等，
（寂者）於其處毛髮不動，	普集食其身，不能動毛髮。
處於空閑之大寂者。	
割雲動地（故）	破裂於虛空，傾覆於大地，
他方一切眾生皆戰慄，	一切眾生類，悉來作恐怖，
以矢傷（於其），然	刀矛槍利箭，悉來害佛身，
（此等）狀態不能害諸佛。	如是諸暴害，不能傷一毛。

第六章　佛陀人格的譬喻性的述說與佛傳的神話化

　　所言雖不離現實的肉身佛陀,但相較於先前以無常死滅說明死的信仰,從中可以窺見神人的神話在形體上,是如何趨向滿足要求佛身的不滅。而將如此的佛身不滅作抽象看待的,是「增一阿含」對於佛身不可思議之所述。文曰:

> 如來身者清淨無穢,受諸天氣,為是人所造耶?
> 如來身者為是大身,如來身不可造作,非諸天所及。
> 如來身者不可摸,則不可言長短,音聲亦不可法。

　　恰如大眾部宗義的佛身無邊,徘徊於具象與抽象之間,尋求佛身的無限存在的痕跡歷然可見。
　　佛徒思及如來身之不滅,故其觀念遂進而超越半具象的神話的不滅,尋求常住的佛身。佛徒是如何滿足此一要求?

第七章　法與佛的一致
法身佛的觀念

　　佛滅後，取代佛陀而成為歸依之對象的，始自於法歸依與自歸依，但此等皆過於抽象，不符合現實要求，因此，依上座傳承之助，一般的信仰遂形成經典崇拜，此外，又形成佛出現之信仰以及遺物塔寺崇拜，更且神話的相信佛身不滅。形而上的要求於此間亦不斷發展，一方面神話的將佛陀神化而崇拜之，另一方面，揭出此等皆是歸依之本據，探求佛陀所體證所宣布的達磨（亦即菩提）的真實體之傾向遂不可抑，最後到達法與佛一致，到達佛陀與其所體現的真理（亦即法）合而為一。

　　法身的觀念，亦即以教法取代佛陀人格的信仰歸依，必然推進至普遍形而上的根據，乃至將深義的法（亦即真理）的本體視為佛陀形而上的實體。亦即此法乃是佛陀成道之根柢，是佛陀體

111

現身佛與法身佛

現且為吾等所宣示,又依同一道令吾等體證的真理智慧,諸佛成道之根柢在於此法,諸佛的智慧菩提,即是此法。佛陀自覺自己所體證的絕對真理,弟子等既然受佛陀的人格感化,尊仰佛陀為師主,相信如來,則所謂的法,已不單單只是口舌所說之法或以文字呈現之教法,而是佛智的本源,是眾生成道根柢,又是超世不滅之實在。

法身佛的觀念出自於從佛陀及其人格所呈現的教法探求法的本體,而此觀念自其發展之始,亦即有關法的概念還是具象狀態時,已呈不得已之勢。過去諸佛之教法早已堙滅,而釋迦佛之教法亦將泯滅的憂慮隨處可見,「增一阿含」指出佛命迦葉等待未來佛出現,《本行集經》也同樣指出:如過去佛法滅,釋迦牟尼佛的正法於五百歲後滅,像法亦五百歲後滅。「法華經」等大乘經典中,也有如此強烈的憂慮者,正像二法之區別,或末法附屬之信仰,都是基於具象的以教法取代佛陀的思想所產生的憂慮。但相反的,另一方面也產生只有釋迦佛的法永存之信仰。作為佛之所言,「增一阿含」卷三十六有如次記載:

第七章　法與佛的一致

　　過去諸佛世尊取滅度，遺法不久存於世，我復重思
　　惟，以何方便，使我法得久存在世，如來身者金剛
　　之數，意欲碎此身，如芥子許流布世間，使將來之
　　世信擅越，不見如來形像而取供養。

此即「法華」的無量分身之思想。此處所說的「法」尚未及於超越世間的法，而是教法或經典之義，雖然如此，但此法永世留存的希望顯然多少已取代佛法一致之傾向。依此意義而希望佛身永存者亦可見於「增一阿含」卷四十四，其文曰：

　　過去久遠諸佛滅後，教法不久存世，……我滅度後
　　法當久存。
　　我釋迦文佛壽命極長，所以然者，肉身雖取滅度，
　　法身存此。

「增一阿含」的編輯目的在於如此的使佛之教法（亦即法身）永存。其序文曰：

現身佛與法身佛

> 釋師出世壽極短，肉身雖逝法身在，當令法本不斷絕，……如來法身不敗壞，永存於世不斷絕。

先前一直以佛陀為本位，認為是佛陀的教法而相信法之佛徒，如今是於法（縱使是具象的訓誡的典籍）之中，尋求佛之不滅永存。因此法本、法主、法根的如來，是於其法得不滅，而其不滅存在是佛身實在之根柢。

> 如來身者以法為食。
> 如來之體身，法身性清淨，……法燈常存世，滅此愚癡冥。
> 如來所說無量無邊，名句味身，亦復無量無有終處。

此等所說的「法」，仍是教法之義。如第二則引文所述，顯然阿難所受持之法是可保存於此世，其法燈存於世間，如來的智慧海永世不忘。然此法即是佛身，是佛身根基的此法與智慧是無

第七章　法與佛的一致

限常住。若是如此，此思想之最終顯然不只將法視為是經典所呈現的現象之法，更且是佛弟子等基於其教法訓誡而如法修行，即是佛之教法得以永存久住的信仰。佛教的生命力在於佛徒對佛陀的信仰，而此信仰即是佛陀自身的悟道修行將由弟子等實現之力。若是如此，教團的四眾隨順佛陀教誡，於法燈明、自燈明如法修行，即是佛陀的教法超越其一一的宣說乃至經典的記載，得以發展其真正生命之所以。

| 如來般涅槃後，比丘、比丘尼、優波塞、優波夷敬重隨順，於如來中住，⋯⋯法中⋯⋯教團中⋯⋯教誡中⋯⋯不放逸中⋯⋯調和中⋯⋯住。依此因此緣，如來般涅槃後，正法亦久住。 | 若比丘於大師所，恭敬尊重，下意供養依止而住，若法，若學，若隨順教，若諸梵行，大師所稱歎者恭敬⋯⋯住，是名五因緣，如來法律不沒、不忘、不退。 |

　　如此的法，沒於惡人的不正法除外，乃是水地不能沒，火風也不能沒的久住之法。既然有如來的感化力，亦即既然其所證悟與修行得以感化人心，即是不滅之法，佛之正法久住，主要在於佛陀自身之力。是故，於弟子的修行與教團的永續之中，得以相

信正法之久住，是因於認為其中有佛陀自身之久住。「增一阿含」卷三十一揭出佛陀於教誡、忍、法說、義說、將護眾生與求無上正真道等六德乃是無限無厭足，而此六法即是超越色身的佛陀本身，故云：

> 如來身者真法之身，欲更求何法？

大乘「涅槃經」所揭的：

> 以能正法因緣故，得成就是金剛身。

不外於如此的正法身與久住佛法之義。

因此問題必然是哲學性的，何者是朝向與如此的佛陀的感化悉皆久住之法？是基於何者而有如此久遠之存在？佛陀自信自己已證得菩提無上覺，弟子亦相信如此的佛陀，而如來的弟子於佛道的靈力中，發見佛陀正法的永遠的生命。若是如此，其法是否與佛陀共存？無師自覺的佛陀是其菩提真理之作者，其真理是否

第七章　法與佛的一致

是三世不更易之根據。一比丘曾於佛前明白提出此問,而佛陀是如次回答,曰:

> 緣起法者非我所作,亦非餘人作,然彼如來出世及
> 未出世,法界常住,
> 彼如來自覺此法,成等正覺,為諸眾生分別演說開
> 發顯示。

菩提所到達之真理是永遠的真理,而此乃是佛陀自覺的信仰,此當然無庸贅言。若是如此,過去久遠之時,或未來永劫,此真理永存,此法能撼動人,所謂的一切三世諸佛不外於即是此真理之證悟者。是故,無師自覺的佛陀其菩提道不外於也是永遠之道,是古人所履之道。

如是,我見,(發見)古人之道,古跡,古來等覺者所履(之道)。……覺知此,且揭示予比丘……,	今我如是得古仙人道,古仙人徑,古仙人跡,古仙人去處我隨去,……我於此法自知自覺,成等正覺,為比丘比丘尼……,彼諸四眾……

現身佛與法身佛

又……揭示予多人常人一。　　開示顯發……

是故，佛陀又宣說其所證的涅槃之道，曰：

此道是大大仙人所行（之道）。
如佛陀所說，履此道之人，
其苦之盡，是成就師所教（之人）。

若是如此，今佛陀所體證實現之道乃是過去諸佛成道的源泉，又是眾生度脫之因由。一切道法是此三世貫通之菩提道，佛陀的教法即是體現此真理之法。佛陀的法雖是依佛弟子的如法修行等六法而久住，然其所歸仍在於此永遠之法的存在。三世一切的眾生修佛道、證佛果，皆出自此一貫一途，亦即一乘之道。故曰：

此道一途是為淨化眾生，
為絕滅憂與痛，為消滅苦與愁，為
到達知，為實現涅槃（之道）。

有一乘道，淨諸眾生，
離諸惱苦，憂愁悉滅得真如法，

第七章　法與佛的一致

……（偈曰：）
見生滅終局之人，知一乘
之道，（此人是）慈悲之人。
依此道，過去（諸佛）度，
又彼等度流，又（現）度。

謂有一乘道，見生諸有邊，
演說於正法，安慰苦眾生，
過去……當來，……諸世尊，
現世尊正覺，乘此度海流。

　　三世一貫的菩提道既是永遠，則三世諸佛與一切求道者之法將是一貫不變，佛陀的自覺若脫離法的形而上的根柢，則不得存在，戒、定、慧、解脫等四法是其成道因緣，是故諸佛世尊其根柢相同，其類一致，並無差別。現身遊行的釋迦佛陀即是此一乘道之體現者，其法從而並非只是口述或經典上所呈現的教法，實是此一乘道，是三世成佛道的真理。將法說為是基於世尊或歸於世尊，主要是為表明於佛陀的人格起信，進而依其信而理解法的信仰，若從哲學的思考或形而上的冥想而言，可以說世尊佛陀悉皆法之所生。故曰：

無論是過去諸等覺者或未來諸等覺者，
或是除多人之憂的現在的等覺者，
悉皆尊重正法而住，又住，

過去等正覺，及未來諸佛，
現在佛世尊，能除眾生憂。
一切恭敬法，依正法而住，

119

現身佛與法身佛

又住，此即是諸佛之法性。　　如是恭敬者，是則諸佛法。

眾生無數，成道諸佛也是恆沙無數。然作為佛陀，一乘一貫，都是基於法、尊重法而成為如來，以法為本體，了知探究諸法真理的諸佛如來是與法成為一體。但現今的佛徒可到達此理，是基於現身佛陀的人格，是依相信此覺者師主的人格而信其法所致。若是如此，現身佛陀的肉身散滅，其音容已不復可見，欲使其信仰永續的佛弟子所以基於其信仰與考察而認為此現身佛之本體在於法，絕非偶然。說為法界，說為法，說為道，說為一乘道的，悉皆諸佛正覺之依止。體現此真如法體的覺者即是如來，菩提之真理於證得真理之慧的佛陀的人格完全實現。是故見佛者，於其中可見法，見法者，即是見佛。

己其觀法者觀我，已有法則有我。
於法當念故，如來由是生，法興成正覺。

因此，佛身不滅是於法的常住本體發見，立於佛與法之融通

第七章　法與佛的一致

一致，佛教的信仰顯然是於佛中求法，依法而成為佛。同一成道的理想於此發揮其永遠的形而上的意義。既然說為「身」，就有具象考察佛身之跡，然所說的「身」，並非現象之身，而是常住之真身。如來身、法身與慧身並無二致。佛智菩提的形而上的本體是教法智慧之本源，是如來之真身，是不滅之法身。一切諸佛的成道是此法身之體證，是凡夫以修行、信與慧則可獲得的方法。

至此可以窺見依現身佛的自覺與自信所體現的法，是作為形而上的永遠真理之本體而成為法身佛。其宗教的信仰與哲學的考察過程，相信依上來的研究略可明瞭。此外，還須探討的，是「法」（亦即達磨）一語之義，以及其意義中所呈現的佛教其發展是如何基於印度的一般思潮。

所謂的達磨，原是「所住定道」之義，婆羅門教自古將此作為法律或義務之義使用。客觀的或社會的而言，社會之規律的達磨乃是主觀的個人的所應隨從的義務。佛教自初始對於達磨，就用於此二方面，廣義而言，一切的事物現象都是法，狹義而言，佛陀的言說訓誡，即稱為法。如先前屢屢所述，說為如來之法

的，大多是言說之義，S. N. 的「現前從世尊聞，現前之所把持者，即是法，即是戒律，即是師之教」，顯然是揭出此義的具象方面。進而言及四法成就或五法、六法等時，其事實有一定因果，從其法而生善惡或苦樂的，即是受因果不變之定軌所支配的現象，亦即法界。不只是佛教，一般的印度思想並沒有如西洋哲學般的嚴格區分天然法與道德法，從而雖說為法，但二者合一，是指其所住定軌之法界。基於此一意義，法類似儒教的天命或道，佛教也稱此為「道」。此二方面的用法，從 S. N. 相對的將「法之變易」，說為是無常變化之現象；將「樂法」說為是指意樂佛之教法，更可清楚明白。類似此二方面的相異，是從信佛的佛徒的眼睛所見，佛陀是絕對的覺者，而其所言說一一皆是透見因果之理，是到達事物真相之真理，因此，此二種方面的法是二而非二，佛陀的教法即是宇宙之真相。更深入而言，因果現象的法是變易之法，諸行無常，然其無常現象各有其所基的永遠的根柢，是三世常恆之法。是故，如此的法又是諸佛成道之因，是超越一切變易的法體與真理，而現在的佛陀不外於是此真理之顯現。現身佛即是法身佛。用基督教所說的用語，神的語言的

第七章　法與佛的一致

「道」即是永遠的真理，此真理的「道」之顯現，即是世界萬象，以其神之實在真體為天父而將此揭予吾等的基督即是「肉體的道」。至此，佛的法即是妙法，妙法即是久遠之佛身，而現身佛是此法身佛之具象權化。對於現身佛的信仰進而成為法身佛之考察乃是本來自爾。就此而言，世上所謂大小二乘之區別，可視為只是狹量的偏見之所產生。

佛教將此本來自爾的本義予以發揮，如上來的研究所示，屢經若干變遷。然此本義，就印度而言，並非直待佛教才發揮，佛教以前的奧義書哲學，以及佛教興起前後的吠陀哲學宗教也極力發揮。此等婆羅門的思想將「達磨」一語當作法律義務之義使用，此依法典等一般古印度文書即可得知，故今不欲一一述說，佛陀雖稱其教法為達磨，然完全是襲用婆羅門用語。而婆羅門思想如同佛教，也認為一一現象中有實在的主動，於現實中求其不變，因此認為祈禱中有神力，將祈禱祭事視為實在的梵，於隨順此等義務的如法實行中，發見真理與實在，認為於一一的達磨正行中，有最上神之運作。此乃是奧義書哲學的特色，是達爾曼所謂的依祭事表象求祭事神祕之思想。故曰：

應崇敬最上真理，梵本體之正行……。
　　此即是正行，稱此為真理，
　　此即是諸賢者所謂的最上梵。

而此等的正行行事，廣義而言，即是達磨。

　　其達磨即是真理。……二者同一。

若是如此，屢修義務的達磨，且視達磨為其本性者，依其如法修行即是與久遠之真理或最上的實在梵合一，此實在之真理即是不死常住的達磨之根柢。因此，最上神祇之化身的阿魯修那揭出其最深最奧之法，曰：

　　此乃知見之王，祕奧之王，最上之淨道，
　　應入於直覺，達磨之性易行不變。
　　不信此法之人，
　　不能達於余（最上神），（一再）還歸死之流轉道。

第七章　法與佛的一致

如是，顯現於法的梵即是久遠的真理。

> 此即是此，此即是真理。
> 了知此大、不滅、初生（亦即久遠實成）
> 之真理為梵之人戰勝此現世。……
> 真理即是梵。
> 此乃梵之住地，達於此（之人）不復癡迷
> 若住於其中，最後將到達梵涅槃。

據此看來，奧義書思想史之發展與佛教的信仰之間，實有驚人的平行發展。兩者的差異是，佛教是具象的，佛陀證得此法是活生生之事實，得此活生生的法，得此活生生的梵涅槃，是故，基於此現身佛陀之信仰，於其中又得三世諸佛貫通，一切眾生遍滿的法身佛。其涅槃之理想原出自梵涅槃，但並不稱此為梵，而是直接於佛陀的人格，於永遠的法身佛，得見涅槃之實現。現身佛入滅之後，佛徒超越此現實的佛陀，到達其真法身，徹見佛陀自覺的佛智之真境，據此揭出同一修行、同一理想、同一成道的

現身佛與法身佛

久遠之根柢，此無論是從歷史事情，或從信仰思索，都是必然之徑路。真如涅槃之法身、現身應化之師主以及眾生信行之菩提，是三而一，一而三。而能到達此三一之深義，完全出自佛弟子對於佛陀的信仰。

從現身佛陀到達法身佛陀的變遷途徑，於巴利及漢譯佛典清楚可見。此間，一方面從上座部的重視傳承，拘泥於現實，最後發展出一切有部的極端的現實觀，且組織其修得佛性與僧中有佛之宗義。另一方面，大眾部雖未完全脫離現實的具象的佛陀，但依如此的法身概念，掌握法佛合一，常住的佛身與一切諸法之根柢，其宗義是發揮於一切眾生中，具有與三世諸佛之智慧界相同的性得佛性。相對於僧中有佛，此稱法中有佛，所謂的真如法身於此顯現其姿。所謂的大乘佛教其根柢不出於此，其經典不外於是以神話納其觀念。如今所述將告終了，且依大乘之一經的《金光明經》，顯示迄今所研究的觀念之發展是如何呈現於所謂的大乘之中。

一時佛陀住王舍城鷲峯山頂最淨甚深法界。此即是一切諸佛居所，又是一切漏盡聖者之依止處。佛於此處欲為一切聖者開顯

第七章　法與佛的一致

大佛智,揭示其甚深不滅之法身。其座顯現一切佛土,妙香滿空,光明遍照四邊。座中妙幢菩薩驚謂:佛之果報如此,佛智境界如此,不滅常樂,何故釋迦佛陀其色身八十入滅,如來壽量究竟幾何?佛告妙幢曰:佛之壽量真正無限,不生不滅。然眾生不見佛光明,故示現其色身入滅,是為令彼等心驚求法而入滅。然佛陀實不消滅,從其津崖無限的智慧所出之法,常不滅絕,光被於世,佛陀常為眾生宣示法:

　　我常在鷲山,宣說此經寶,成就眾生故,示現般涅
　　槃。

所謂涅槃,即是依漏盡梵行智慧禪定之所到達,又不外是一切諸佛一切眾生成道之根本法身。此法身或現身成為報土顯現之應身,或成為於斯土生活之化身而揭示此法。此佛身諸勝相無不具足。

　　無上清淨牟尼尊,身光照耀如金色,

現身佛與法身佛

一切聲中最為上，如大梵響震雷音。
髮彩喻若黑蜂王，齒白齊密如珂雪，
平正顯現有光明，目淨無垢妙端嚴。
猶如廣大青蓮葉，舌相廣長極柔軟，
……………，眉間常有白毫光。
右旋宛轉玻璃色，眉細纖長類初月，
其色晃耀比蜂王，昇高修直如金鋌。
淨妙光潤相無虧，……………，
世尊最勝身金色，一一毛端相不殊。
紺青柔輭右旋文，微妙光彩難為喻，
……………，行步威儀類師子。
……………，臂肘纖長立過膝，
圓光一尋照無邊，赫奕猶如百千日。
悉能遍至諸佛剎，隨緣所在覺群迷。

　　於如此的讚歎中，佛宣說其法，而諸天善神悉皆誓言守護此法。此中所說的法，不外於即是佛法身清淨不滅，諸佛之涅槃智

第七章　法與佛的一致

界皆歸於一之理。故頌曰：

> 如來境界，無能知者，一切諸佛，本來寂靜，一切諸佛，所修行同。
> 一切諸佛，後際常住，一切諸佛，同共一體，是如來法，如來真身，
> 非所造作，諸佛無生，金剛不壞，內外無礙，示現身相，一切正覺，
> 真法為身，法界清淨，是名如來。
> 一切如來，不般涅槃，前際如來，後際如來，常無破壞，中際如來，
> 種種莊嚴，眾生法界，皆為利他。

　　據此看來，所謂的大乘，其經典所具的莊麗詩歌的構想與雄大的戲曲構造另當別論，其實不外於是法身的信仰，故與上來所觀察的原始佛教並無根本的差異。現實的佛陀在佛徒的信仰中，是成為如此的法身佛。

附錄　矢吹文學士的《阿彌陀佛之研究》*

　　佛教其歷史之悠遠，範圍之廣宏，內容之龐博，可以說少有其他類例。佛陀出世前後的外圍與內涵其歷史真相雖已略知其端緒，然關於佛滅後，佛法之傳播與分派，不明之處仍是不少。進而佛滅後數百年，從西北印度傳播發展至中亞的軌跡，也可以說幾乎完全埋沒於暗黑的歷史之中。

　　晚近東西方的探險者在西域于闐等地雖有諸多有力的發現，然其史料大多未能觸及李唐以前。阿育王之後至笈多王朝的前後六、七百年的佛教史，從五天竺傳至中亞而及於中國，此間確實有其複雜的發展。然而對於此等的闡明，應從哪一方面著手，則不得不令人興起亡羊之嘆。

---

* 出處：矢吹慶輝著《阿彌陀佛之研究》，東京：丙午出版社，1911。頁 1-13，姊崎正治原著，釋依觀譯。

現身佛與法身佛

　　而此一時期正是所謂大乘佛教勃興，從西北印度傳至東亞的時代，爾後的佛教皆可說是此間發展的繼續與完成。爾後中國的六朝的諸宗勃興，李唐的三百年光彩，日本的奈良朝諸宗，平安朝天台與真言，鎌倉時代的新佛教等等，皆應其時代而起，有其特色，又具有意義，因此，此等的歷史研究自有其獨立的價值。然其所出的源流仍埋葬在暗黑之中，不免令人深感遺憾。

　　此長達六、七百年的暗黑的佛教史實是爾後東亞佛教的源泉，正如其根本經典多出於此間，其信仰之根本、儀式之根柢大抵養成於此間，其中更參雜著美術與傳道的複雜多樣的歷史。此間的佛教史研究不只含有自己本身必要且趣味橫溢的問題，對於後世東亞佛教的闡明上，兩者的交涉也不少。

　　如此的研究絕非僅以單方面的探求即可成就，而是必須所有方面的交互著著探求，才得以總合大成其結果。其研究方面的分類，大略如次：

　　一、信仰的內容及其對象。
　　二、基於信仰以及依哲學思想所組織的教理。

附錄　矢吹文學士的《阿彌陀佛之研究》

三、中國的譯經事業與其中的信仰變遷。

四、大乘經典文學上的研究，亦即語言與本文的研究。

五、美術，尤其是佛像以及建築裝飾。

六、印度全體的思想界以及文學語言。

七、印度以及中亞的社會狀態與其間的傳道事業。

此只是事實呈現的分科，若從信仰內容而言，則有另外的分類，各科亦能完成前述的部分研究。亦即：

一、一般小乘有部哲學以及俱舍教理。

二、戒律與戒行。

三、般若空觀與中觀哲學。

四、瑜伽觀行與彌勒信仰。

五、華嚴以及方等的神話性的萬有神教。

六、法華的實相觀，以釋尊為中心的佛教。

七、淨土往生的信仰，阿彌陀佛的信仰。

現身佛與法身佛

八、密教思想以及一般的咒法信仰。

此只是大體的分類，無庸贅言，彼此互有交涉，然而也有先前某一分科不適用於此中某一項的情況。總地說來，有關此間的佛教研究相當錯雜，就今日而言，材料多有不備，故無論從哪一方面著手，皆有排除荊棘，開拓未闢荒地之感。其究竟之結果不可期，此乃任何研究者自始必須抱持的覺悟。

今矢吹文學士的阿彌陀佛之研究，實是排除荊棘，踏入此困難事業之一步。阿彌陀佛之信仰，如同密教，可說是佛教的特異發展。其信仰中樞不是釋迦牟尼佛，而是他佛；不是將理想置於現前的諸法之中，而是移至西方淨土；棄戒定慧三學之修行，移行至他力易行之信仰。其信仰，在中國，雖萌芽於西元五世紀後半的東晉末期，然成為一流的思想則是在陳隋以後，至於真正作為信仰系統，具有宗教實力，在日本，則是平安朝末期及其後。若僅就宗教實力而言，阿彌陀佛教應是日本佛教史的一大題目。雖然如此，若就現存佛典見之，其信仰發於印度，於佛教傳播時代，在佛教所有方面已隱然可見，此乃不容置疑的事實。作為一

附錄　矢吹文學士的《阿彌陀佛之研究》

系之宗教，雖無分化獨立，卻得以作為部分的信仰實力而存在。日本的阿彌陀佛教雖與印度及中亞的阿彌陀佛教並無直接的血脈關聯，然其淵源不得不求之於彼。又如此的佛教雖不具有組織，卻能施以極為有力的感化。堪稱是其根本的本誓發願的信仰，強調願力救濟的宗教，雖出自於佛教，然可視為是具有特色的新佛教。職是之故，此一信仰之起源，早已引起宗教史家的疑問，或求之於印度教，或求之於西來感化，眾說紛紜，不知其歸著。雖有種種的推測提出，然完全無法給予其真相究竟的解釋。晚近日本學界雖有人著手研究此一問題，然其材料未盡，僅依部分的見解遽下全體斷案的，實是不少。例如對於阿彌陀以及極樂的名義，能施以批評的研究甚少，實令人深感遺憾。此一問題觸及多方面，概括說來，其第一著手，在於應就阿彌陀佛信仰根本經典的大小二本阿彌陀經，施以嚴密的批評研究。其現存的一本梵本雖享有幾乎是世界最古梵文寫本之榮譽，然而也只是古來所傳多樣傳來本之一。若依各種漢譯本的對照看來，有關本文的批評不應只是單一梵本之研究。而觸及如此的研究，勢必與中國的佛典翻譯變遷有所關聯。若佛教全部經典的原本得以保存，則依其本

文之研究，語言上的探求，有關其成立年代或流行之痕跡自能明白呈現，而漢譯經文也將只具有一種語言之譯的價值而已。然因於現今我等所知的梵本等其分量甚少，其寫本亦非甚古，作為文書研究，尚未能獲得周到精確之結果。雖然如此，此一方面的研究一日仍不可緩，而中國的譯經事跡及其遺產，在佛教史研究之上，亦具有重要的意義。從筆者先前對於四阿含進行研究所得的結果，或矢吹君此一研究（尤其序論之三，附錄之三與四）所見的明顯結果，或近年椎尾文學士以羅什為中心，依循譯經之跡研究佛教教理之發展（未刊），或其他諸家的研究看來，足以知曉譯經史研究的重要及收穫之多。亦即中國譯經的歷史乃是窺知流傳於各各時代，各各譯家的故鄉，亦即西域或印度各方面的佛教形態及其內容的絕佳材料。

矢吹君的此一研究，若就大小二本阿彌陀經的本文研究而言，雖然較嫌薄弱（此外，其內容分析之一項沒有付印），然其譯經方面的研究特為周密。亦即不只是阿彌陀佛教的本依經典，亦參照其傍依經典。從眾多的譯經，探其痕跡，更且阿彌陀佛教以外，對於以彌勒為中心的佛教經典亦施以精細觀察，內外相

附錄　矢吹文學士的《阿彌陀佛之研究》

照,譯經史中的材料得以自在支配。因此,本研究的直接目的之外,對於佛教的其他方面,所謂暗黑的六百年佛教史也給予不少光明。

其次作為阿彌陀佛教史料,美術上之遺物雖也能為將來帶來諸多光明,然就今日而言,仍有諸多不明之處。矢吹君對於彌勒佛像雖無太多觸及,然對於觀音方面,則有較多的注意。據筆者所見,迄今印度所稱的佛像雖然大多是釋迦,然此中未必沒有阿彌陀佛像。就此,先前藤井宜正君的實地探求,島地大等君的依其密教知識所作的整理,乃至將來若依中亞的探勘挖掘,若再獲得更多材料,則此一方面的光明將更能清楚呈現。然單就今日而言,此一方面的研究,就僅只矢吹君一人而已,此外,若求諸他人實是強人所難。

其次印度思想界的研究雖已成一般風潮,然就大敘事詩及富蘭那文學的研究尚未臻於完全的今日,顯然不可多望。雖然如此,矢吹君盡其所能,不怠於此一方面,對於梵天與毘濕笯之間的交涉,也進行研究。然而若參照毘濕笯信仰的發展,亦即信仰道(Bhakti-mārga)之發展,加上今日所作的深入研鑽,則佛教

信仰的內容，顯然存有必須更加發顯之處。又如第一世紀的基督教的印度傳道，相信對於今後的研究也有參照之必要。

　　從事實而言，是根本；從研究而言，是最後的結果的是，先前作為第一分科所揭的信仰內容之研究。大體上，矢吹君是從對於釋尊的信仰之發展（或變形）探求阿彌陀佛之信仰，認為本願救濟、慈悲攝取、國土成就等信仰內容，及作為其輔助的神話傳說，大多具有佛教本來的性質，是從佛教內部發展出來。於探求其發展變化痕跡時，既究明其信仰內容，又不怠於注意經說敘說之外緣，推進其研究。此一方面雖不能忽視確實受到佛教之外的勢力與他教的影響等，然迄今所提出的此一方向的學說多屬輕浮，未能獲得吾等首肯。而矢吹君的內部發展的研究雖未能完盡，然其研究方針乃筆者特為贊同。有關歷史上的佛陀之一章，比例上雖嫌稍長，然從滅後的佛陀、過去佛及未來佛的信念，進而追溯至本生本願，菩薩的願行，法身及報身之觀念，以阿彌陀佛的性質為主，依內部之發展進行解釋，在方法與內容上獲得極為有益之結果（縱使未能到達完全究竟之決論）。進而對於阿彌陀佛的信行，往生淨土的理想，罪惡與救濟（此最後項中的五惡

附錄　矢吹文學士的《阿彌陀佛之研究》

段之分析被削除,甚是遺憾)等諸項,一一參照佛教信仰之變遷,印度教思想之發展,清楚明白的揭出其所依。有關此等諸項之研究,亦即阿彌陀佛教的助緣方面較多於其本分內容,此舉雖不無功虧一簣之憾,然若思及此一信仰內容之深刻發展,與其求諸印度西域,不如求諸日本淨土教,則對於矢吹君之研究實不能責之過甚。然關於此等諸項,觸及印度阿彌陀佛教二大師的天親、龍樹者甚少,實是重大缺點,又甚為遺憾。與基督教的對照,大體得當,然此亦不無隔靴搔癢之感。凡此,矢吹君的研究若深入日本淨土教之後,依其結果趨向根本,依其末流趨向源泉,則能獲得更深切的研究資料。殷切盼望矢吹君他日的進境。

　　若就其一一細目而言,可議之處實是不少,然值得大肆推稱之見地亦甚多,今不擬一一述之。要言之,此一研究對於佛教史上的中世暗黑期,大膽提起快刀,細心蒐集材料,更提出前人尚未意識的問題,其間若得以解釋,皆給予有力的解決。就結果論之,給予解決的,雖少於疑問殘存的,然此乃研究問題的性質不得已之事,就學者的研究而言,有時可能無法滿足所有問題的提出。急於解決,僅以片面的資料就速斷全部,絕非學者之所應

現身佛與法身佛

為。

　　附記一事如次。矢吹君是淨土宗門人，是法然上人的弟子，亦即就信仰而言，彼乃是阿彌陀佛教的信仰者。作為信仰者卻進行此般的研究，尤其深入的批評分析，難保其同門部分人士不生起信仰不忠之感。雖然如此，但歷史就是歷史，不可因於信仰而扭曲。因於歷史事實而斷絕的信仰，絕非真正的信仰。之所以癡迷，在於恐懼真理之光明，若是隨順真理的信仰，則無須恐懼任何歷史的批評。矢吹君斷乎執其歷史批評之利器，確定其宗教根源之舉，可以說是不以編照的故事為滿足，意欲確實探其真正祖先。就筆者所見，阿彌陀佛的信仰絕非發自法藏比丘現實界的人物，而是佛教的信仰朝本願他力發展的理想之結晶。因於著重現實，不執著世間經歷而不能維持阿彌陀佛信仰的，其根本實是出自物質主義、現實主義之妄想。經由複雜的發展，從各種方面吸收資料，歷經諸多歲月，跨越弘潤方處結晶成此一信仰之中心，理想之救護，乃是人類宗教史上之偉觀，阿彌陀佛教徒祖先之光榮，又可說為佛陀慈光之隨處顯露。如此理想之結成，史上現實呈現的人物其感化樣態恐是非一，從而此研究之結果可能動搖多

附錄　矢吹文學士的《阿彌陀佛之研究》

數淨土教徒純真的現實的法藏因位觀。然而若經此振盪，其信仰根柢，理想中心仍不動搖，則此振盪將是結出新鮮結果的絕佳機會。此書原是學術上之研究，對於多數信徒而言，此直接牽涉及其信仰，實不可公開發表。然淨土門之教學，今後不應永遠安於天真的認為阿彌陀佛之介紹者是歷史上的釋尊，將其因位托於世上現實的法藏比丘，又如極樂世界一語之所顯示，將彼地視為是西方十萬億土之快樂鄉。法然上人的「並無其他的仔細」實是至誠之顯露，是有不應安於現實主義的盲信之意。

　　縱使陽光無障礙，
　　仍有朝霞遮容顏。

　　歷史的研究正如撥此雲霧，唯願見此無障之光者非是無眼人。

明治四十四年一月廿五日
姊崎正治

國家圖書館出版品預行編目(CIP)資料

現身佛與法身佛/姊崎正治著；釋依觀譯. --
初版. -- 臺北市：元華文創股份有限公司，
2024.08
　面；　公分

ISBN 978-957-711-394-8 (平裝)

1.CST: 佛教 2.CST: 佛陀論 3.CST: 文集
220.127　　　　　　　　　　　　113010521

現身佛與法身佛

姊崎正治◎著；釋依觀◎譯

發 行 人：賴洋助
出 版 者：元華文創股份有限公司
聯絡地址：100 臺北市中正區重慶南路二段 51 號 5 樓
公司地址：新竹縣竹北市台元一街 8 號 5 樓之 7
電　　話：(02) 2351-1607　　傳　真：(02) 2351-1549
網　　址：www.eculture.com.tw
E - m a i l：service@eculture.com.tw
主　　編：李欣芳
責任編輯：陳亭瑜
行銷業務：林宜葶
出版年月：2024 年 08 月 初版
定　　價：新臺幣 390 元

ISBN：978-957-711-394-8 (平裝)

總經銷：聯合發行股份有限公司
地　址：231 新北市新店區寶橋路 235 巷 6 弄 6 號 4F
電　話：(02)2917-8022　　　　傳　真：(02)2915-6275

版權聲明：

　　本書版權為元華文創股份有限公司(以下簡稱元華文創)出版、發行。相關著作權利(含紙本及電子版)，非經元華文創同意或授權，不得將本書部份、全部內容複印或轉製、或數位型態之轉載複製，及任何未經元華文創同意之利用模式，違反者將依法究責。

　　本書作內容引用他人之圖片、照片、多媒體檔或文字等，係由作者提供，元華文創已提醒告知，應依著作權法之規定向權利人取得授權。如有侵害情事，與元華文創無涉。

■本書如有缺頁或裝訂錯誤，請寄回退換；其餘售出者，恕不退貨■